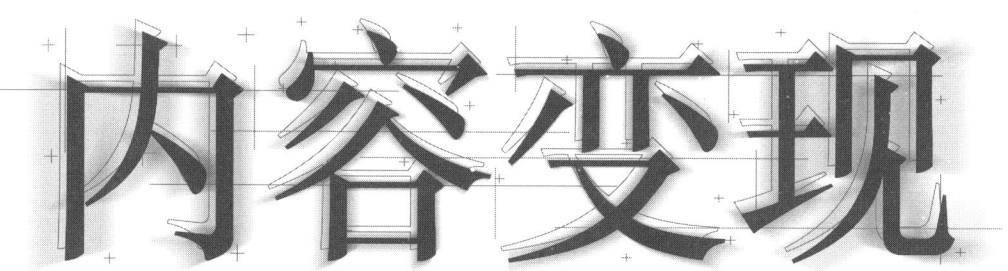

如何赢在短视频直播时代

柯志祥　柯曼青/著

中华工商联合出版社

图书在版编目(CIP)数据

内容变现：如何赢在短视频直播时代 / 柯志祥, 柯曼青著. -- 北京：中华工商联合出版社，2020.12
ISBN 978-7-5158-2932-6

Ⅰ.①内… Ⅱ.①柯… ②柯… Ⅲ.①网络营销 Ⅳ.①F713.365.2

中国版本图书馆CIP数据核字（2020）第 227464 号

内容变现：如何赢在短视频直播时代

作　　者：	柯志祥　柯曼青
出 品 人：	刘　刚
策划编辑：	李　瑛
责任编辑：	李　瑛　李红霞
排版设计：	水京方设计
责任审读：	付德华
责任印制：	迈致红
出版发行：	中华工商联合出版社有限责任公司
印　　刷：	三河市宏盛印务有限公司
版　　次：	2023 年 7 月第 1 版
印　　次：	2023 年 7 月第 1 次印刷
开　　本：	710mm×1020mm　1/16
字　　数：	220 千字
印　　张：	14.75
书　　号：	ISBN 978-7-5158-2932-6
定　　价：	58.00 元

服务热线：010－58301130－0（前台）
销售热线：010－58302977（网店部）
　　　　　010－58302166（门店部）
　　　　　010－58302837（馆配部、新媒体部）
　　　　　010－58302813（团购部）
地址邮编：北京市西城区西环广场 A 座
　　　　　19－20 层，100044
http://www.chgslcbs.cn
投稿热线：010－58302907（总编室）
投稿邮箱：1621239583@qq.com

工商联版图书
版权所有　侵权必究

凡本社图书出现印装质量问题，请与印务部联系。
联系电话：010－58302915

PREFACE 前　言

在报纸与电视横行的"旧时代",凭"标王"式的单一广告,就可以脱颖而出。到了PC互联网时代,规则发生了变化。淘宝初创之时,还没什么知名度,卖家都聚集在易趣。那时,马云手握重金,却没有办法在三大门户网站打广告,因为易趣网已经与三大门户签署了排他性协议。

到了移动互联网时代,人手一屏,用户随时随地可以上网。而商家则可以通过数据给用户画像,从而提供更精准的营销信息。伴随着移动互联网的飞速发展以及智能设备的普及,近年来,国内直播行业获得了长足的进步。不仅网友们喜欢在网上观看一些直播内容,如游戏、影视、体育、真人秀等,就连各大品牌也开始在直播平台上进行营销活动,并且取得了很大的收获。

移动互联网的提速以及智能手机的普及,使得人们逐步摆脱了对于无线网以及电脑的依赖,可以直接通过手机和移动网络进行直播,很大程度上丰富了直播的场景,同时也给品牌商带来了一种更加立体化的营销方式。

在所有大宗商品里,价值最被低估的,就是一种名叫"注意力"的商品。是的,注意力也是一种商品。网络营销,就其本质而言,就是一种注意力炼金术。如何将注意力转化为购买力才是真功夫。不同于微博、微信的图文形式内容，无论是短视频还是直播，都更加直观立体地完成品牌文化以及产品的展示，并方便快捷地将流量转化为销售额。

CONTENTS 目 录

上篇 玩转短视频营销

第一章 短视频营销必须了解的6大要点

短视频营销的定义 // 004

短视频营销模式的现状 // 007

利用大数据优化短视频营销 // 009

短视频营销的4种商业价值 // 013

短视频营销的5个优势 // 018

营销类短视频的4个特点 // 019

第二章 短视频营销最火爆的6大平台

抖音：一个迅速崛起的娱乐营销流量池 // 024

快手：真实生活中的短视频营销 // 026

秒拍：专注年轻化营销 // 028

西瓜：综艺类短视频营销 // 031

火山：圈层化的短视频营销 // 034

公众号+直播：近年崛起的营销新势力 // 038

第三章　组建短视频营销团队的 8 大诀窍

组建短视频团队的5个步骤 // 044

短视频招募团队的3个要点 // 048

做到这3点，非专业演员也能拍出好视频 // 050

优秀短视频演员必须具备的4种能力 // 052

短视频编导必须具备的5项能力 // 054

短视频编导的6项工作职责 // 056

短视频摄像师必须具备的7种能力 // 058

剪辑师必须具备的8种能力 // 060

第四章　拍摄短视频不可或缺的 3 大法宝

在合理预算内选择适用的摄影机 // 064

选择三脚架需要考虑的问题 // 071

灯光照明设备的分类与应用 // 075

第五章　表现短视频拍摄场景的 5 大秘籍

光线运用的3个技巧 // 082

4种不同天气的应对方案 // 083

室内室外拍摄的注意要点 // 085

布景的3个技巧 // 086

使用定场镜头的2个要点 // 090

第六章　短视频构图的 4 大法则 // 099

中心构图，明确主体 // 096

三分线构图，平衡画面 // 098

前景构图，层次分明 // 100

圆形构图，规整唯美 // 103

第七章　短视频后期制作的 5 个事项

后期制作必须学会的6种软件 // 108

处理声音的6项技术 // 110

视频剪辑与优化的4个方法 // 112

视频剪辑必须注意的7大事项 // 115

视频后期制作的5项原则 // 118

第八章　短视频的 5 大营销途径

内容付费 // 122

订阅打赏 // 125

渠道分成 // 127

广告植入 // 131

电商合作 // 134

第九章　短视频营销的 3 大趋势

内容越来越跨界 // 140

消费地域下沉 // 142

分发更加国际化 // 146

下篇　拥抱直播营销

第十章　电商＋直播，转化更直接

电商为何做直播 // 152

"电商+直播"的3大模式 // 154

哪些产品和服务适合直播售卖 // 157

没有转化率，一切都是空谈 // 160

电商和直播的深度融合 // 164

"电商+直播"的机遇与挑战 // 166

第十一章　直播营销的常用平台

斗鱼TV：泛娱乐直播营销平台 // 172

虎牙直播：游戏直播营销平台 // 173

花椒直播：明星属性强的社交平台 // 176

快手：用户量超大的直播平台 // 178

映客直播：开创全民直播带货先河 // 179

淘宝直播：带货大杀器 // 180

第十二章　不同主播的营销效果不同

企业官方直播：发布专业信息带动营销 // 182

明星直播：利用粉丝效应打造爆品 // 184

网络红人直播：流量带货谱写营销神话 // 187

素人直播：以专业取胜 // 189

第十三章　直播营销需要做哪些准备

直播营销的3种模式 // 196

主播如何选对服装颜色 // 199

永不过时的几种衣服搭配 // 202

不同场景下的机器配置 // 203

第十四章　直播营销的低成本获客秘诀

发布企业日常，塑造品牌形象 // 208

深度互动，充分黏住忠实粉丝 // 210

第十五章　企业主播如何快速涨粉

新主播如何冷启动 // 214

选择合适的话题 // 216

与观众愉快互动 // 219

语言要有个性 // 222

上 篇

玩转短视频营销

短视频平台只是一种变革后的媒介形式,使内容的表达与呈现更加丰富多元,互动性更强。

和传统的长视频相比,短视频的内容更加精简。但值得肯定的是,智能手机的普及和人们越来越碎片化的时间,给短视频提供了广阔的生存空间。

谁顺应了大势,谁就能将短视频营销做到最好。

第一章

短视频营销必须了解的 6大要点

新媒体时代,短视频营销逐渐受到人们的重视。那么,这一时期的短视频营销具有哪些特点?短视频营销模式的现状是怎样的?如何利用大数据进行短视频营销?本节将对这些大众普遍关注的问题予以解答。

短视频营销的定义

针对短视频的具体定义,目前学术界还没有一个准确的说法。

国外的SocialBeta将短视频定义为"是一种视频长度以秒计数,主要依托于移动智能终端实现快速拍摄与美化编辑,可在社交媒体平台上实时分享和无缝对接的新型视频形式"。

在国外,早已经有了颇具代表性的短视频发布平台,如Instagram(照片墙)、Vine、Snapchat(色拉布)等。国内此类产品的起步稍晚于国外,但已有先行者做出了探索。

下面我们来了解一下短视频的具体特点(如图1-1)。

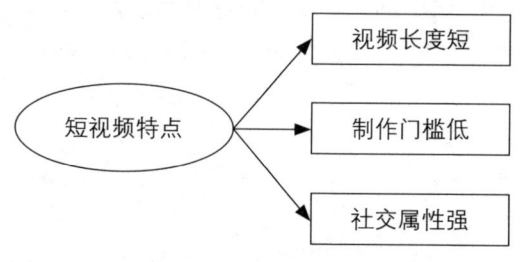

图1-1 短视频具体特点

短视频主要有3个特点:一是视频长度短,一般控制在30秒以内;二是制作门槛低,无须专业拍摄设备;三是社交属性强,其传播渠道主要为社交媒体平台。

短视频的出现既是对社交媒体现有主要内容(文字、图片)的一种有益补充，同时，优质的短视频内容亦可借助社交媒体的渠道优势实现裂变式传播。

短视频是对于传统媒介方式的革命，也是其补充，传统媒介的内容表达方式主要是文字和图片，是静态的；而短视频的内容表达方式是视频，是动态的。相对于静态的内容表达方式，动态的更容易吸引人的注意力。

为此，一种新型的媒介内容表达方式问世。基于其属性的原因，表达什么样的内容就是接下来要讨论的问题了。这也就很容易理解媒介的本质属性、传播内容。传播什么样的内容就是媒介根据自身的优势和特点而定的。

随着视频营销概念的火热以及众多成功案例的出现，各个企业也开始逐渐重视起短视频这个新型媒介，并借助短视频输出自己的文化和产品，以此来营销自己。

关于短视频营销，我们需要了解以下6大特点（如图1-2）：

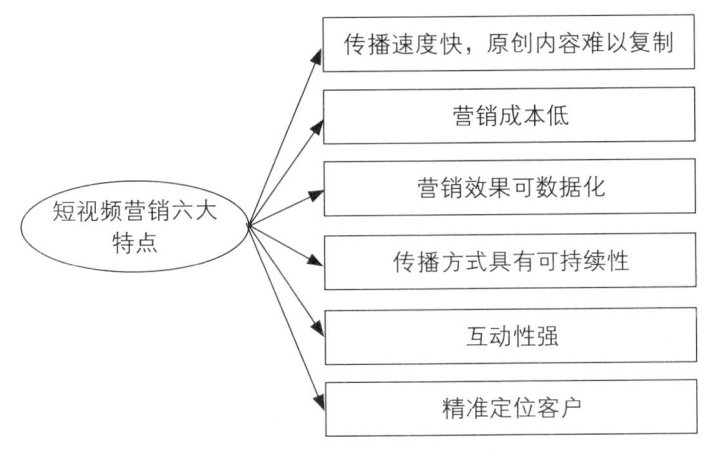

图1-2 短视频营销六大特点

1. 传播速度快，原创内容难以复制

短视频平台的传播速度就是快。目前国内的几大短视频平台只要有足够优质的内容，足够吸引人的视频，就会裂变式地迅速传播，借助互联网的优势在新旧媒体平台迅速占据头版头条。

与此同时，短视频平台会和传统的自媒体平台进行合作，强强联合，吸引更多的流量，进一步推动短视频传播，达到高质量的营销效果。另外，短视频还具有不可复制性，与图片文字媒介的区别在于，图片、文字等容易被复制粘贴，而短视频可以添加水印、原创作者联系方式等，能够更好地保护原创内容创作者的利益。

2. 营销成本低

短视频营销的主体主要通过手机和网络平台进行短视频营销，内容的提供者可以是企业也可以是个人，内容都由创作者自己提供，其营销成本相较于传统的电视、报纸广告营销要低，只要一部手机或者一个DV便可以完成整个短视频拍摄计划。

3. 营销效果可数据化

短视频营销还有一个明显特点，就是视频营销的结果可视化。视频载体的后台可以对视频的数据进行收集，视频的关注量、转发量以及评论量都有数据显示。

4. 传播方式具有可持续性

经常玩短视频的朋友可能知道，我们当天看到的短视频可能是很早之前发布的。这是因为，该视频持续受到用户关注和喜欢，系统会继续将短视频推送给更多的人。该短视频一直"存活"在用户的视线里，它不受外力（例如电视广告持续播放需要的资金投入）的影响，只要用户喜欢，就有可能一直传播。

短视频的传播是可以持续不断的。只要在平台上不撤销，内容足够精彩，就可以持续不断地被点击观看和转发，同时会持续不断地吸引"粉丝"，最终达到持续营销的目的。

5. 互动性强

网络营销的一个重要特点是高互动性，而短视频营销则很好地利用了这一点，几乎所有的短视频都可以进行单向、双向甚至多向的互动交流。这种优势在于可以迅速获得用户反馈并有针对性地进行策略调整。

互动性强是所有互联网媒介的一个主要特点，"粉丝"与作者的交流互动是区别于其他电视营销和纸质营销方式的重要之处。短视频营销同样也是高度互动的，点赞和评论是互动的主要形式，这为短视频发布者提高和改进产品质量提供了一个重要的动态意见收集方式。

6. 精准定位客户

做短视频运营前，我们都有一个共同的动作——账号定位。根据账号的垂直定位制作相关视频，针对垂直领域的目标用户制作视频，指向性极其明确。

短视频的制作具有很强的目标性，通过关注账号可以第一时间收到视频发布者的新作品，视频平台的推送服务，会让客户定位变得更加精准。

以上就是短视频营销的六个特点，要做好短视频营销，一定要学会抓住用户的需求点，以最低成本收获最佳的营销效果。

短视频营销模式的现状

搞笑幽默、休闲放松、生活技能、新闻现场类的短视频是目前短视频平台用户观看短视频的主要倾向。

艾媒咨询分析师认为，短视频内容的丰富性和形式的多变性可以为品牌提供更碎片化、更沉浸、更立体的营销内容，短视频广告市场规模将保持上涨态势。

相关咨询机构认为，短视频广告的市场占有率将会持续增长，主要得益于短视频内容的丰富性和娱乐性以及多样性，为营销内容提供了一个巨大的空间。短视频的"短"充分利用了受众的碎片时间，且具有高度的可移动性。

中国短视频营销行业现状主要表现在以下几个方面：

1. 短视频与互联网电商紧密结合

网络红人借助短视频平台与电商密切合作，对客户精准营销。

2. 抖音、快手等作为短视频平台标标，发展形势锐不可当

相关数据显示，截至2022年4月，抖音月活跃用户数达6.8亿，快手4亿。而短视频作为新媒体领域的新型社交方式，正在构建一个庞大的用户聚集社区，推动深度的社交和互动，实现短视频社交的爆发。

3. 移动互联网的深入发展，催生了全民带货时代的开启

随着互联网技术的进一步发展，用户制作短视频的门槛将逐渐降低，内容影响力也有了持续提升。随着"短视频+电商"的应用日趋广泛，短视频平台凭借其基数大、本地化程度高等优势，正在开启短视频全民带货时代。短视频制作者可通过满足用户的多样化需求，从而拉动流量的有效增长。

4. 短视频普及率的提高，加速了无边界营销时代的到来

目前短视频内容具有多样性，涵盖饮食、旅游、文化、思想等领域，为正在持续变革移动营销载体开创新局面。随着产业链上下游整合速度的加快，短视频内容创作的多样化与短视频的无边界营销相互促进，吸引了越来越多的用户。

5. 大数据时代的来临为短视频营销提供了更加准确的市场分析

短视频投放交易平台通过自身的数据和技术优势，为品牌收集社交舆情和行业投放数据，为营销做前期决策，通过自媒体受众数据、效果数据、虚假数据识别体系精选合适的自媒体，通过对内容的识别及智能分析，助力自媒体内容制造，为用户提供更适合的内容；通过自动派单交易以及完善的质检系统，帮助投放工作快速高效地执行，是目前短视频投放不可缺失的重要环节。

短视频的交易数据通过后台大数据技术的分析，可以为营销提供更加精准的决策支持。

利用大数据优化短视频营销

随着经济的飞速发展和科学技术的进步，我们逐渐进入大数据时代。身处这个时代，短视频新媒体运营者不能只把大数据当成茶余饭后的谈资，也不能只把它当作对未来的企划，大数据应该是当下必须把握住的战略级技术。无论是从新媒体经营的角度出发，还是从用户的视角看，在大数据时代，新媒体运营者都应该靠大数据来提高新媒体运营的效率。

总而言之，大数据时代的到来，让短视频充满了无限可能。

短视频新媒体是诞生于互联网的新兴产物，从它的社交特征中可以提取出大数据应用必须具备的两个特点，那就是增加用户、社群黏性。

人是社会性动物，且社交属性极强，从出生到死亡都会处在某种社群之中。比如在一个小区之中，大人多是待在家中休闲娱乐或做家务，小孩则多会跑到小区空旷地带一起玩耍，他们便形成了两个截然不同的社群。

随着互联网的兴起，社群的建立跨越了时空的障碍，其构成也变得越来越复杂，而对于短视频营销的目标用户来说，他们也是一个社群。

可是，如何才能科学地认识自己在短视频营销中的用户社群，并且提高短视频新媒体和用户社群之间的黏性呢？这可并不是一件容易的事。

首先，新媒体运营者不能对短视频用户做到实时跟踪。从静态来看，短视频用户社群的人数庞大，不同社群的不同用户对短视频的观看习惯和喜好类型都各不相同。哪怕是彼此兴趣相似度极高的用户之间，在实际接触同样的短视频内容时，也会在具体行为上表现出些许不同。

其次，同样的社群里，用户对短视频的欣赏习惯和偏好也在时刻发生着变化，这是站在动态的视角上最值得注意的内容。可要想捕捉到这些变化，依靠传统的技术手段根本无法做到。

那么只有大数据，才能在面对内在复杂又时刻处在变化之中的用户社群时，对这自组织化以及去中心化的环境进行全方位的分析，从而在统计出的数据中，找到增强用户黏性的最佳方案。

在日常的运营中，短视频营销人员若是能对大数据进行科学且充分的运用，不但能在后台有理有据地分析每一个用户，而且还能在前端有效地投放各种信息。具体来说，可以从两个方面入手（如图1-3）。

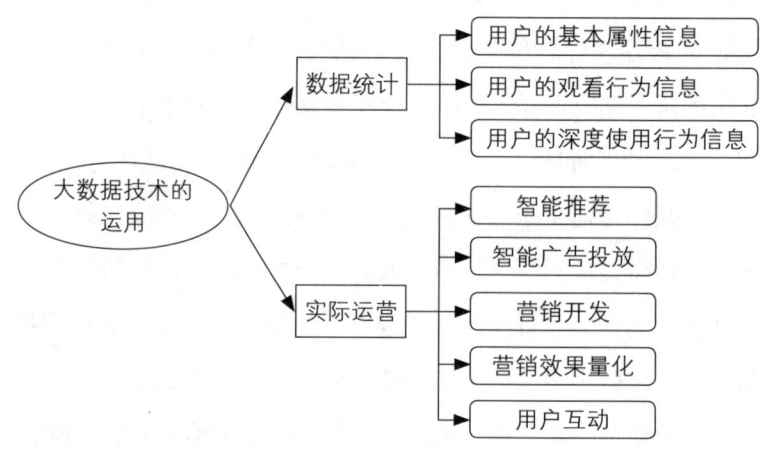

图1-3 大数据技术的运用

1. 数据统计

大数据技术在各行各业的应用中，最为基础的功能就是数据统计，在短视频领域也不会例外。短视频行业对大数据的应用，主要是围绕用户的运营而展开的。

（1）用户的基本属性信息

大数据技术通常用来获取用户的年龄、性别和其所处的地域，还有用户观看短视频所用的终端设备，以及所处的网络环境类型（WIFI或4G网络，未来还有5G网络）等信息。对短视频新媒体运营来说，越早获得用户的基本信息就越好，从而就能更早地对用户进行分类，这为后期进行更细致以及更具体的用户分类提供了最基本的素材。

（2）用户的观看行为信息

获取了用户的基本信息之后，短视频营销人员就需要对用户在实际观看过程中的行为进行量化统计。

比如：用户打开短视频应用登录账号、退出短视频应用的具体时间段，用户活跃度，等等。而且用户活跃度的信息中还要包含所关联的用户具体活跃天数以及每天活跃的时间等。为什么要对用户观看和活跃时间进行如此细化的统计呢？主要是为了方便短视频新媒体能够更为高效地安排短视频的播放顺序以及新视频的发布时间。

此外，大数据技术还能获取用户观看的内容，其中包括用户在一段时间内观看的所有类型的短视频，还包括每个类型的短视频在该用户观看总量中的比例。而能够准确地统计用户所观看的短视频内容，就可以直接让短视频新媒体了解用户的喜好。这不但有利于短视频营销人员更有针对性地推送短视频，还可以科学地引导短视频的创作。

（3）用户的深度使用行为信息

短视频营销人员除了要对核心用户的基本信息以及日常观看行为信息进行大数据统计之外，还应该对核心用户的深度使用行为信息进行专门的统计。深度使用行为信息除了用户搜索短视频的行为，还包括在观看短视频时的点赞、评论、转发等行为。而且，用户在新媒体平台通过观看短视频进行的直接消费行为更需要进行细致的统计。

核心用户的深度使用行为，不单单关系到维护工作，还关系到短视频新媒体的整体经营效益和流量变现。所以，营销人员在对深度使用行为信息进行大数据统计时，必须做到翔实和准确。

有一点需要注意的是，虽然利用大数据技术主要是对用户信息进行统计，但是并不意味着短视频营销把关注点完全放在用户上就可以了。实际上，一家短视频新媒体的经营状况不仅仅取决于用户的情况，还有可能受到整个行业的影响。所以，短视频新媒体在有余力的情况下，除了进一步提高自己的运营效率，还应该对自己的合作伙伴甚至是行业竞争对手进行实时的大数据分析与统计。

2. 实际运营

在完成了数据统计的工作之后，短视频营销人员接下来就要将统计数据结果运用到短视频新媒体的日常运营中来。因为数据本身并不能自动转化成效益，营销人员通过多种途径才能将结论转化为具体的行动。

（1）智能推荐

收集到了用户的基本属性信息和观看行为信息，对其进行梳理和分析之后，营销人员就可以筛选出最受用户喜爱的短视频类型，从而把这类短视频单独拿出来，放入新媒体界面的推荐栏之中，这样就实现了智能化的短视频内容推荐。

（2）智能广告投放

新媒体营销人员借助大数据技术掌握了用户的全部信息之后，就可以有效地针对用户的喜好与需要合理地投放广告，其中包括了投放的时间、投放的形式以及广告的内容等。

（3）营销开发

短视频新媒体营销人员可以凭借对用户深度使用行为信息的分析，更加科学、高效地策划营销活动。营销人员借助大数据技术的统计，可以让营销活动的主题、形式、时间和用户的习惯、喜好一一对应，通过这样策划出来的营销活动，在全面满足用户需求的同时，还能减少不必要的成本。

（4）营销效果量化

一般营销活动结束后，都需要评估营销效果，短视频营销在这方面依然可以运用大数据技术。量化后的统计数据不但可以直观地反映营销活动所获得的效果，方便营销人员进行比较。而且，量化后的数据还能变成实用的经验，为往后的营销活动提供非常有价值的参考。

（5）用户互动

不论是抖音、快手，还是微信短视频，现在的短视频新媒体如果想持续地吸粉，就必须和用户进行互动。营销人员在与用户互动的过程中，如果使用事先通过大数据技术总结出来的有效方法和用户进行沟通交流，不仅能够迅速地获得用户的认可，而且还能更加直接地把握用户的需求。

无论是在理论层面，还是在实践层面。大数据技术在短视频行业取得的巨大推动作用都是有目共睹的。相关的短视频营销人员只要通过对大数据信息进行整理和分析，就能够高效地实现信息流和经营之间的联通。

而只要能够有意识地对潜在的数据资产进行发掘，其自身就可以转化为显性的收益。因此，在大数据时代，众多的短视频营销人员应该充分意识到大数据技术对自身的价值并在实践中充分利用。

短视频营销的4种商业价值

任何一件事物，从诞生到发展再到兴盛，都必然存在它独有的商业价值。因此，短视频营销也具备这样的商业价值，具体体现在4个方面（如图1-4）：

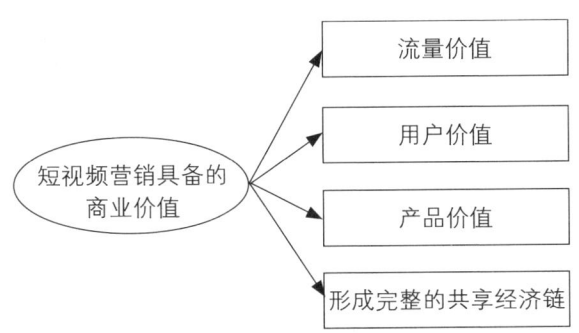

图1-4 短视频营销具备的商业价值

1. 流量价值

无论哪一个品牌，平台用户量的多少都是决定他们是否会在这个平台进行营销的第一要素，这也是他们衡量一个平台是否具备营销价值的第一标准。

所以，对于所有的品牌商来说，短视频新媒体最大的营销价值就体现在平台庞大的用户量上。

2. 用户价值

品牌营销时还考虑的一个重要因素是用户转化路径长短，短视频营销的价值主要体现在能否覆盖主流优质消费群体。在短视频呈现形式以及用户质量上，大幅度缩短品牌到用户的转化路径，能够提高品牌营销的效率。

3. 产品价值

借助短视频进行产品营销，可以帮助品牌和用户更好地进行互动，竖屏视频模式具有深度沉浸感，更易于传递品牌信息。竖屏视频模式结合15秒至60秒的短视频，可以有效地集中用户的视觉注意力。

4. 形成完整的共享经济链

根据现实来看，当前的短视频领域之所以可以形成一条较为完整的共享经济链，主要源于四个成熟的条件（如图1-5）：

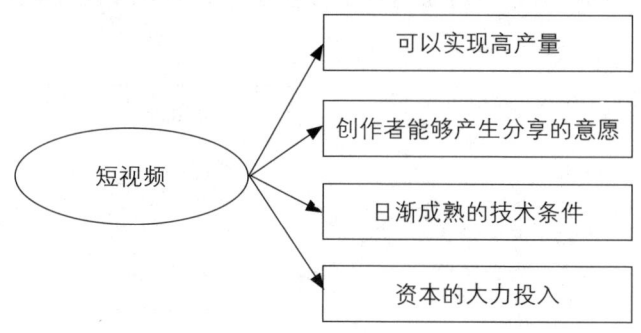

图1-5 短视频领域共享经济链的成熟条件

（1）短视频可以实现高产量

中国如今的经济情况早已不是当年那个资源匮乏的年代可比拟的了，许多领域都出现了供大于求的情况。视频制作就是一个在这方面表现比较明显的领域。一方面，中国现在每年产出成千上万的短视频，其时长高达几十亿小时，是一个非常惊人的数字。而另一方面，短视频的创作主体也从单一化走向了全民化。如今，短视频不仅能由科班出身的艺术创作人员制作，非专业的普通人也能够制作短视频了。短视频数量的持续飙升与多样化的创作主体，构成了短视频内容共享的物质基础。

（2）创作者能够产生分享的意愿

当短视频内容出现供大于求的情况时，单凭一个用户或一个群体是不足以消化所有短视频内容的，而为了让自己创作的短视频可以产生更大、更多的价值，同时还能提高自己的知名度，向全体民众进行短视频的分享也就成了必然事件。因此，创作者就这样产生了分享的意愿。

而且，当下的00后是在网络环境中成长起来的，作为身处互联网时代的原住民，他们对外界的态度非常开放。那些无论是在工作中还是在生活中的短视频主要参与者，都非常乐于向外界展示自我，也更加乐于和他人产生互动。在这样一个渴望彼此之间互相了解的环境中，去掉了中心化，就为短视频踏入共享经济提供了心理上的需求。

（3）日渐成熟的技术条件

一方面，是手机——作为制作并且传播短视频的主要载体——已经发展到了功能异常强大的地步。如今的手机，无论是在运行速度上，还是在像素配置上，还有它的便携性以及电池续航时间，都完全可以媲美甚至超越传统的DV和相机。而另一方面，网络——作为制作和传播短视频的基础环境——也变得越来越优质，无论是在宽带速度上，还是在信号的稳定性上，都满足了短视频分享的需要。因此，制作和传播条件的日渐成熟，为短视频内容的分享提供了技术保障。

（4）资本的大力投入

由于有着巨额资本的强势加入，当前各种各样的新媒体都将各自平台上的功能最大限度地简化，其中就包括短视频的分享功能。短视频的创作者只需事先在平台上完成注册，然后上传自己的短视频，最后直接选择发布就可以完成短视频内容的分享，整个过程一气呵成，简单易懂。要知道，这种便捷的分享体验要是没有足够的资金支持，是根本不可能实现的。

而且，投资方为了实现尽早盈利，也为了最大限度地发掘短视频的潜在价值，在传播短视频的过程中，非常重视对短视频进行全民性的推广。大量资本的介入，从客观上讲，为短视频行业走共享经济之路提供了非常重要的产业支持。

俗话说得好，有知更要有行，所谓知行合一。

行业竞争日趋激烈，各种短视频新媒体纷纷使出撒手锏，只为持续地探索短视频和共享经济能够结合的最佳模式。在这个过程中，不同企业不仅用各自独特的经营思路丰富了共享经济的内涵，而且为我们带来了短视频的全民分享时代。

作为当前业界应用得最为普遍的共享经济模式，直接将短视频的内容向广大用户分享受到了很多短视频新媒体平台的欢迎。做出优质的内容，随即呈现到用户眼前，不但可以立即达到吸引眼球的目的，而且可以带动与之相关的短视频内容的传播。

在当下这个内容为王的年代，要想将好的短视频内容直接分享给用户，不能简单粗暴地传达，而应该顺应这个时代扁平化的传播趋势。只要短视频的内容制作精良，那么在分享的过程中往往就能收获良好的效果。

过程分享相较于内容分享模式来说，手段没有那么直接，虽然要稍微复杂一些，但也不是太难理解。过程分享讲直白点就是，短视频的创作者在分享短视频的时候，不但要把最终成品展示给用户，还要将创作短视频的初衷以及目的一起告诉用户。

相较于内容共享模式，过程分享模式只不过是添加了制作视频的过程，却可以让用户在观看短视频的同时，对短视频的创作者有更多的了解，从而激起用户的好感，因此过程分享模式往往能快速拉近短视频新媒体和用户的距离。

虽然现在互联网的发展正使得众多新媒体平台不断向着全民化的方向演变，但对于短视频新媒体而言，有时候"扎得深"要比"走得远"来得更实在，大面积撒网似的对所有用户分享短视频，并不一定能为自身带来知名度。而做好垂直领域的短视频制作和分享，则可以利用极少的时间吸引更多的自媒体，这不单单是短视频新媒体影响力的保证，更是流量变现的保证。

美拍作为国内知名的短视频社区，从上线之日起，就以服务爱美女性作为自身特点。而它无论是在界面上引人注目的"女神""美妆"两大板块，还是知名短视频UP主的入驻，都体现了短视频平台自身的时尚特色。而美拍上面发布的明星仿妆、毕业季护肤等短视频，更是成为时尚女性时刻都在关注的特色内容。

通过制作与输出短视频，用户得到了身心上的愉悦放松，开阔了眼界，一些具有艺术天分的人才获得了展示才华的机会，各种渠道运营商发掘出了全新的可增长的业务，商家得到了一个推销自己的平台，新媒体平台则通过各种渠道以及广告获取了众多"粉丝"和收益。几乎所有的短视频参与者都能在这个欣欣向荣的产业里获得令自己满意的收获。

共同参与了策划过程，共同分享了创作成果，这或许就是共享经济在短视频行业里最本质的体现。

可以看到，短视频行业经过这些年的飞速发展，显然已经凭借着共享经济这种全新的商业模式，对传播、服务以及盈利等各方面进行了重构，让原本只是率性而为的艺术创作渐渐演变成了一种完整的经济生态链。

那么在不久的将来，短视频营销领域一定还会衍生出更多极具颠覆性的商业价值。

> **内容变现**：如何赢在短视频直播时代

短视频营销的5个优势

对于现在的企业营销者而言，当下最热门的营销手段当属短视频营销，那么相较于其他传统营销手段，短视频营销具备什么样的优势呢？

1. 当下人们正变得越来越"懒"，短视频的出现迎合了人们的这一行为习惯

由于智能手机和4G网络的普及，互联网全面进入了移动时代。相应地，人们的网络行为习惯也逐渐发生改变，特点是社交媒介化以及时间碎片化。在这样的特点下，短视频相比于图文来说，更具吸引力和传播性。

要知道，图文属于二维浏览，观看者在集中注意力阅读消化内容的同时还需要滑动屏幕，而且同样的时间里图文所携带的信息量要比短视频少得多，可观看者为此消耗的精力却更多。而短视频属于零维浏览，只需轻轻一点，就能获取生动形象又直观的信息，所要消耗的时间与精力非常少，十分契合当前人们的时间碎片化的特点；而且流量资费越来越便宜以及无线网络的大大普及，使得人们在移动端观看短视频的成本变得十分低廉。

2. 相比于图文，短视频更能带动观看者的情绪

短视频比图文更能抓住人的注意力，与长视频相比又更加精炼。具有情感化的特点，并能使观看者产生代入感。图文总是静态的，而短视频却是以动态的形式出现，内容还会伴随着调动人情感的音乐、语调、剧情、文案等，更能用情感和角色打动用户，从而在他们与产品或是服务之间建立情感纽带。这对于企业来说是可以完美贴合的广告形式。对于用户而言，短视频这种更为立体全面的视听一体化的形式更能调动他们丰富的情感。

3. 短视频具有专业的营销策划

制作视频是一种专业性较强的工作，同时步骤也非常多，需要编导、策划、摄像、后期、运营等一系列步骤，而且缺一不可。

4. 短视频具有较强的互动性

短视频具有非常高的新鲜度，而且现在的智能手机和软件本身的功能越来越完善且强大，人们对于自己喜爱的短视频可以有多种支持方式。常见的有点赞、评论、转发甚至是翻拍，这些都大大增强了营销与被营销之间的互动性，也让人们更乐于接受。

5. 短视频的营销渠道非常宽广

手机越变越智能，人们使用它的频率也越来越高，短视频的转发率也就越来越高，转发的平台也越来越多样化，只要一条短视频拍得好，就能够在多个平台形成宣传效应。

同时，短视频的高传播率也跟它的趣味性密不可分，人们浏览视频时能感觉到愉悦放松，这就是短视频可以实现迅速传播的原因，这也就意味着短视频对内容有着较高的要求。

综上所述，短视频营销在未来一段时间里，会越来越受欢迎，也会开始带动各个营销产品的发展。

营销类短视频的4个特点

目前，短视频营销已经成为一种营销利器。那么，以产品营销为目的的短视频通常需要具备哪些特点呢？具体有4点（如图1-6）：

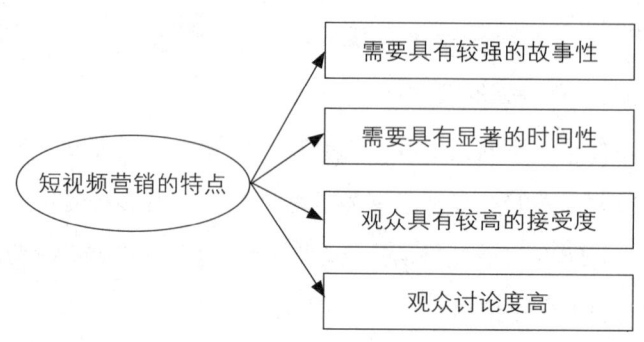

图1-6 短视频营销的特点

1. 需要具有较强的故事性

相比起普通广告，营销类短视频的时间会长一些，它往往需要在短则几十秒多则几分钟的时间内讲述一个较为完整的故事。它并不会直接与观众对话，对某个产品进行推销，而是通过故事让观众了解到品牌的文化与观念，可以算得上是为用户塑造一种品牌形象，让自身品牌更富有魅力，更立体化。

2. 需要具有显著的时间性

一般这种短视频的时长会在五到十分钟之内，几乎和课间休息以及工作间歇的时间相当，算得上是占据了客户的碎片时间。

但由于此类短视频特有的故事性，能让观众产生想要看完的冲动，这样就能让观众心甘情愿地把时间花在该内容平台上。

当下的内容竞争的核心不是竞争用户的数量，而是竞争获取用户的时长，一个可以完美占据用户碎片时间的短视频广告，自然可以获得更大的流量。

3. 观众具有较高的接受度

传统的视频广告在网络上传播的时候，通常是被放在视频播放之前，这无疑已经让观众感到厌烦了，以至于会选择购买会员跳过它，因此这类视频广告所能起到的宣传效果非常有限。

然而短视频则更多地出现在内容平台上，用户需要做的是自发性地去观看，一般不会产生反感情绪，接受度一般说来要高得多。

4. 观众讨论度高

一般不会有人去讨论一条仅有十几秒的广告，广告里面的内容不外乎就是对某个产品的推销，并不值得花时间去讨论。但像那种讲述了某个故事的短视频广告就不同了，一般都会引起广泛的讨论。

例如苹果发布的一条名为"三分钟"的短视频就引起了广大网友对春运这一社会热点的共鸣，同时其选择使用的拍摄工具也引起了众多网友的吐槽与讨论。

类似这样的议论自然会为短视频带来热度，进而变成一个热点，那么就会有更多的人去观看那条短视频，从而参与讨论，那么传播的目的也就达到了。这些都是网友自发进行的传播，从头到尾都没有官方的影子，完全不会让人感到不适。

就目前来看，短视频营销相比起传统营销模式具备比较大的优势。那么在未来，我们也可以期待短视频营销领域实现跨越式发展，助力品牌和企业的营销活动。

第二章

短视频营销最火爆的 6大平台

> 　　对于短视频营销而言，平台的选择至关重要。每个平台都有各自的特点和专注领域，只有把握住各个平台之间的区别，才能选择出适合自己营销内容的平台，做到有的放矢。

抖音：一个迅速崛起的娱乐营销流量池

抖音是一款专注年轻人的音乐短视频社交平台，该软件于2016年9月正式上线，是一个集合了短视频拍摄和音乐创意的短视频社交软件。用户可以通过这款软件选择歌曲，并录制短视频，形成一个音乐短视频作品。

2019年7月30日，明星李现入驻抖音，短短十天内，"粉丝"数超越微博，达到2,146万余人。这无疑是一场"抖音式"娱乐能量的集中爆发。李现官方账号正式入驻抖音前，其在抖音站内的热度就发酵已久，直接话题视频播放量超176亿次，衍生话题中，超过十个话题播放量以亿次计。对这位顶流，抖音毫不吝啬地展示了自己的娱乐热情与流量实力。

抖音在最开始的时候，使用了"潮""酷""时尚"等标签，很显然这个定位让抖音在开始发力时占据了优势，快速聚集了一批以一二线城市年轻人为主的用户。

根据抖音对用户年龄及区域分布的统计，抖音用户中85%为90后用户，70%以上核心用户（高活跃度用户）来自一二线城市。目前，抖音已经成为市面上最火爆的短视频平台。

抖音将"潮""范儿""魔性""脑洞"等关键词作为其娱乐化营销的重点。在C端，这些核心关键词吸引了许多年轻人紧跟抖音设定的这股潮流，以此为主题进行视频创作；在B端，大量运动、时尚、旅行等品牌由于其产品定位符合抖音的调性，纷纷选择在抖音上进行适合自己的品牌和产品营销。在抖音为迈克高仕（Michael Kors）定制的短视频大赛中，其启用吴佳煜等多位网络红人为定制短视频，将抖音的优势体现得淋漓尽致。

相对来说，抖音有着4大特性（如图2-1）。

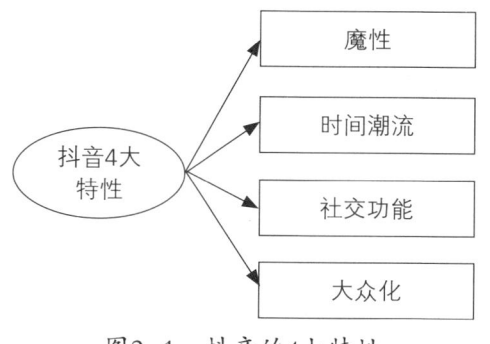

图2-1 抖音的4大特性

1. 魔性

抖音的视频内容几乎有着相同的特点，它们可以很轻松地吸引住用户的关注，通过传递一种神秘的情绪，吸引用户的目光，让用户沉浸其中欲罢不能。因此，如果你也想做出能迅速吸引用户目光和情绪的短视频，那么也可以模仿抖音那种切镜头、迅速录像、夸张的表演方式，让用户在你的视频当中"成魔成瘾"。

2. 时尚潮流

抖音一开始的用户定位十分年轻化，整体VI体系的风格也十分独特，这象征着他们未来的用户主流正在从80后、90后往00后转移。

3. 社交功能

在抖音的评论区经常出现一个现象，即网友评论比视频本身还要吸引人。

因此，永远不要忽略你的产品在网络营销时的各种评论，它们也许是为你带来流量的重要口碑。根据目前抖音用户群体的火爆增长势头，或许在不久的将来会超越微信，成为新的社交平台，因此抖音营销的前景不可估量。

4. 大众化

在抖音上面，每个人都能轻松地成为导演，影像简单化和傻瓜式操作降低了拍摄门槛，让每个跃跃欲试的人都能在抖音上找到存在感，也因此使这个平台走向了千家万户。

基于抖音平台的娱乐化特点和以上优势，企业和品牌可以根据自身定位，录制相应的短视频在该平台进行营销推广。

"记录美好生活"是抖音的新口号。这句没有什么鲜明特点的话，却开始使抖音从小众逐渐走进大众的视野，这也是他们逐渐扩大目标用户群体的一种体现。

快手：真实生活中的短视频营销

相较于抖音，快手的起源似乎更加接地气，它因为一篇文章而火爆全网，在这篇名为《残酷底层物语：一个视频软件的中国农村》的文章里，描述了一个与一、二线城市完全不同的，以三线以下城市、乡镇、农村为主要用户的短视频应用程序。

在这个应用程序里没有时尚元素，视频的主要内容围绕着做饭、种地、工地搬砖、跳广场舞等人民生活场景展开。

这种与日常生活息息相关的视频内容迅速吸引了广大网民的注意力。目前，快手用户已经超过7亿，活跃用户也已超过1亿，庞大的用户量证明了它的实力。

快手与抖音在口号的建立上十分类似，"记录生活，记录你"，这句话显得没有什么明显辨识度。

快手创始人宿华也表达了同样的价值观："记录本身就是一个平淡的

词，没有情感和情绪。"

相较于抖音有点"浮夸"的特点，快手的特点显然是"真实"，这也表达了两个平台的不同定位：浮夸的世界也许令人向往，但朴实的世界才更贴近生活。

有人在网上评论二者的差别："抖音上边小哥哥、小姐姐看起来颜值很高，都很带劲，但时间久了，翻来覆去就那点东西，偶尔解闷还好。而快手更像是一个集市，十分真实，尽管鱼龙混杂，但是总能找到你想要的。"

这也正是快手吸引年轻人的策略，来快手，看一种差异化的、接地气的、真实的世界。

也许连快手也没有想到，他们在放弃时尚、潮流这样的元素后，竟然还能聚集大量的用户，成为不同于娱乐化营销的另外一种平台。

因此，在快手上可以看到另外一种机遇，如果你能贴近它的真诚实在的特点，创作出吸引大众用户的视频，并且让用户通过观看视频一步一步产生好感，成为你的"粉丝"和潜在客户，那么在这个平台上进行短视频营销也必将产生良好的效果。

海鲜哥是快手平台上的一位网络红人。顾名思义，海鲜哥的视频几乎都与海鲜有关，再进一步了解，他的视频中所展示的海鲜都属于自家产品。

他利用人们对渔业的好奇，通过对日常生活工作的记录，向大众呈现了各个环节。例如：他会通过拍摄进货时的细节，让大家了解到海鲜交易的环境和交接货的内容。他还会录制做菜环节，教大家如何烹制海鲜。另外，他还会利用网上火爆的吃播浪潮，对吃海鲜的过程进行直播。

通过这样生动真实地展现海鲜交易、烹饪、食用的各个环节，让用户在对一个领域建立新的认知的基础上，也对海鲜哥的产品有了了解。一旦有用户认为这些产品是健康的、干净的、美味的，自然会带动产品的销量。

基于短视频的属性，一定要牢牢记住利用好"短"这个字的特征，也就是说，要在极短的时间内，撬动用户的购买欲，促进产品的营销。

虽然视频的重点是营销，但是不能仅仅把它制作成一个广告视频，那样只会引起观众的反感。

想要在快手平台做好短视频营销，最重要的是做到真实接地气，直观反映生活原貌，保护好短视频原有的乐趣，同时利用短视频营销的优势，更生动真实地呈现出产品状态，让观众能够被吸引。

例如一顶帽子，仅仅放在店里展示，也许会因为外观不够吸引人而无人问津。但当有人戴着这顶帽子走在街上，或者通过其他方式进行展示，使周围的人可以更加直观地看到这顶帽子戴在头上的效果，就可以让周围的人更有代入感，从而激发大众的购买欲。

因此，可以利用快手平台带入生活场景的便利性，为观众展示商品在生活中的用途、样态等，从而可以更加有效地激发观众的购买热情。

秒拍：专注年轻化营销

无论哪个时代，年轻人永远是潮流的风向标，具有最强劲的购买力。因此，各大品牌商都会努力把握年轻人的潮流动向，让自己的产品能贴近年轻人的喜好和需求，让他们喜欢自己的产品。

可是作为短视频营销平台，如何能让自己的品牌更好地达成年轻化战略目标呢？秒拍就抓住了这个商业热点，进行了自己的"年轻化一站式服务"，通过一系列年轻化营销活动、年轻化内容、年轻化渠道，吸引年轻化受众（如图2-2）。

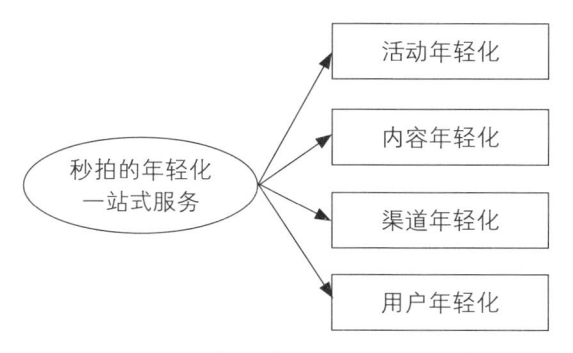

图2-2 秒拍的年轻化一站式服务

1. 活动年轻化——提升趣味性，拉近与目标用户之间的距离

早在短视频行业兴起初期，秒拍就作为老牌短视频平台，开始在视频营销领域深耕。由于图文信息流的营销方式思维单一，他们很快就将重点转移到视频营销上，开启了更加多元的活动。

例如，秒拍与肯德基之间合作过一次极具趣味性的营销活动。他们在圣诞节期间共同发起话题活动"圣诞吃鸡"，他们利用热门游戏的元素拉近了与一部分年轻人的距离，又邀请了人气偶像拍摄圣诞愿望视频进行宣传，进一步吸引大批"粉丝"上传自己的"圣诞愿望"。肯德基、"吃鸡"和偶像因素叠加，轮番提升了视频营销的趣味性，直触年轻用户兴奋点。

其中，偶像明星以其超高人气，成功吸引了众多年轻用户的参与；而外表酷似圣诞老人的"肯德基爷爷""对着炸鸡桶许愿""圣诞季""吃鸡"等元素，既有趣又能引发年轻人对于童真的渴望。最终活动视频总播放量超过2,100万，在获得了巨大流量的同时，还为门店带来了实际销量转化，将更加"暖心""年轻化"的商业品牌形象植入消费者的内心。

此外，秒拍还经常利用偶像明星的力量，发起"粉丝"打卡活动。被邀请的超级人气明星所覆盖的"粉丝"群体十分巨大，因此带来了很多参与者。这些参与者通过拍摄秒拍全新广告、标志，为明星加油。最终，这项活动在秒拍以及明星的带动下，由于更为贴近年轻人的兴趣，话题总阅读量超过10亿，并吸引了大量用户参与，也为品牌曝光以及建立自己的口碑奠定了基础。

2. 内容年轻化——明星、UGC、MCN赋能

秒拍最核心的内涵是"明星"效应，这些明星为秒拍带来了年轻化的内容，以及天然的流量和话题。明星通过在秒拍上发布新歌MV、生活日常、影视剧预告等，每一个元素都可以引发大批年轻用户和"粉丝"的热议，产生许多的话题，甚至引领另外一种时尚潮流。

秒拍还与各大MCN（多频道网络）机构合作，例如papitube、洋葱视频、咯吱一下等知名MCN机构。这些MCN出产的内容都有几大特点：产品质量高、追热点、引发共鸣、贴近年轻人。秒拍也正是因为这一点，与他们建立了很好的合作关系。一方面，大量的MCN机构在秒拍持续产出高质量视频；另一方面，秒拍将进一步对优质内容进行大力扶持，保证了平台年轻化内容的稳定性。可谓双赢。

此外，秒拍之所以能够聚集大量年轻人的原因，还在于月活跃量近3亿的UGC（用户生成内容）用户为秒拍提供了源源不断的年轻化内容。

大量的新主流用户通过在秒拍上拍摄视频进行分享，分享的内容包括生活日常以及追星。用户通过发布生活日常视频，对自我进行表达，引起他人的关注；而追星相关的视频，则极大地促进了年轻用户之间的交流，满足了一部分用户对明星生活的好奇。

3. 渠道年轻化——社交属性实现了内容营销的价值最大化

秒拍通过与微博的链接，拥有自己天然的优势，成功地实现了自己的社交属性。庞大的用户活跃量，以及年轻人更热衷对内容进行分享和讨论的特点，保证了秒拍内容的传播力度，更好地释放了营销内容势能。

4. 用户年轻化——秒拍新主流用户成主力

秒拍的自我定义为年轻化产品，因此拥有众多年轻用户。秒拍发布消息称，未来将通过结合明星战略以及年轻化定位，进一步发掘目标用户需求，为用户提供更多契合内容，从而让平台更多地聚集优质的新主流用户。

所谓的"新主流用户"即一、二线城市中那些高学历、高收入，爱美、爱玩，热衷休闲娱乐，擅于自我表达，追求新鲜事物，个性化十足的年轻用户。

据相关数据显示，秒拍月度活跃用户数为2.86亿，在全网短视频用户渗透率中排名第一。其中35岁以下用户占70%，北上广用户占14%，本科及以上学历用户占40%。

新主流有其年轻化的特点，更容易接受新鲜事物，并且更乐于对自己认同的内容进行积极传播。这对于品牌而言是一种优势，他们利用新主流用户所带来的巨大流量，打造更为积极的品牌口碑。同时，这些新主流用户也极具购买力，因此对于很多品牌而言，这些用户也相当于海量的潜在客户。

营销活动、渠道、内容、用户，是形成秒拍年轻化营销一站式服务的重要因素。秒拍通过年轻化营销活动、年轻化渠道、年轻化内容、年轻化受众，为品牌完成年轻化营销提供了一站式服务。

西瓜：综艺类短视频营销

现在的短视频营销领域中，西瓜视频是一个不容忽视的平台。

2018年8月2日，西瓜视频正式宣布全面进军自制综艺领域，打造移动原生综艺IP。

2018年10月12日，西瓜视频发布九档综艺片单，涵盖移动微综艺与原生综艺两大内容类型。

1. 微综艺

得益于短视频的火热，微综艺逐渐进入综艺市场，此类节目时长在15分钟左右，以短小精悍、节奏轻快、网感强烈、话题度高而著称，再加上垂直细分题材，迎合了广大网友的口味，深受各大平台推崇。

郭德纲首档短视频脱口秀《一郭汇》入驻西瓜视频，上线24小时，播放量破1300万。

还有以鹿晗本人为核心，以广大的"鹿饭"群体为传播半径的国内首档纯网纪录片式互动真人秀节目《你好，是鹿晗吗》八集播放量高达1.6亿。

商业模式方面，微综艺大都以冠名、赞助、特约为主。

相较于传统综艺广告十几秒的转瞬即逝，短视频的表达方式不仅凸显品牌诉求，更能够将品牌属性与节目内容精准匹配，锁定核心用户，从而实现广告价值。

2. 原生综艺

西瓜视频将打造9部综艺节目，包括移动原生移动综艺"头号任务""考不好没关系？"及7部微综艺。

目前，整个综艺领域都开始呈现出创新乏力的问题。西瓜视频此番打造的移动原生综艺和微综艺或许会是国内综艺市场的突破。

不仅如此，西瓜视频在进行内容营销方面也具有独特优势（如图2-3）。

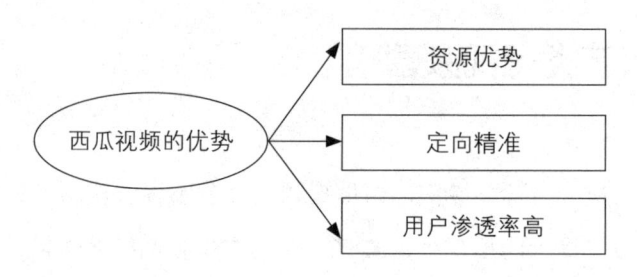

图2-3　西瓜视频在内容营销方面的独特优势

1. 资源优势

西瓜视频在UGC层面打造了集内容制作、"粉丝"运营和商业变现于一体的内容生态平台。其用户增长迅猛，月活用户超过1.5亿。

2. 定向精准

西瓜视频有着一套十分明确细致的定向标准。具体而言，基础定向如用户性别、年龄段选择；地域定向覆盖全国四十多个城市，3,000个商圈，精确到省、市、商圈区域；用户环境定向细分到设备类型、操作系统、手机型号、网络类型选择；兴趣定向包含了共计186个兴趣标签，如游戏、科技、金融、餐饮、理财、汽车、体育等，对目标人群进行了十分详细的分类。

3. 用户渗透率高

对于短视频平台而言，针对用户特点进行精准投放是十分重要的，而提供优质的内容可以打造显性竞争优势。

西瓜视频正是看到了精准投放的重要性，因此利用海量数据的分析，在用户增长的同时率先做出布局。

首先是通过短视频整合用户播放数据，进行用户倾向判断，以短带长。在此基础上，引导用户在观看过程中找到兴趣要点，逐渐完成从观看到消费的闭环。西瓜视频以建立互动场景为基础，在此基础上通过强势内容进一步吸引用户。

西瓜视频利用人们对综艺类视频越来越高涨的热情，以及不同于传统综艺的长节目架构形式，推出了更符合受众观看心理的微综艺内容，西瓜视频推出的这种节目形式，一方面由于时间较短而很容易被大众接受；另一方面，它紧随热点的新鲜优质内容也满足了人们了解时事的需求。

除了这些优势以外，更重要的一点是，西瓜视频展现出了更加流行有趣的内容与形式，这也是它比传统新闻视频更具吸引力的原因，它用通俗易懂的形式能让大众更容易接收到重要信息。

当然，想将创意变为现实还需要考虑具体的应用，而即使最优质的内容想要得到广泛传播也离不开营销推广。很显然，西瓜视频的营销变现能力不容小觑。

例如：在汽车营销方面，西瓜视频优质团队推出了"侣行——穿越东欧"等微综艺节目，凭借全新的创意玩法，高度人文化的全新视角，以及高质量的内容拍摄，使该微综艺节目得到广泛好评的同时，也获得了更多汽车品牌的合作推广。

西瓜视频也因此展现出强大的原创能力，得到了更多合作汽车品牌的青睐。

综合来看，西瓜视频的综艺特性，也将成为西瓜视频在短视频营销中的优势。

火山：圈层化的短视频营销

目前，短视频营销已逐渐成为企业营销的主要方式之一，原因在于各种短视频应用软件深受用户喜爱，无形中拉近了品牌与用户之间的距离，品牌因此在短视频营销中获得了新的机遇。

火山小视频是一款15秒原创生活小视频，通过小视频帮助用户在展现自我的同时，迅速获取内容，获得"粉丝"，发现同好。

目前来看，在火山小视频的用户身上，可以看出非常鲜明的特征：

一是年龄在25～35岁的用户占比超过一半，显示出年龄层次的轻熟化趋向。这说明火山小视频的用户中出现了越来越年轻的群体，这与有着相同年龄定位的品牌相契合。但同时也给品牌一个重要的启发，目标客群并不能一味地追求年轻化，需要在青年用户和中年用户中，根据其消费决策能力等方面的特质，寻找一个平衡点。在这区间拓展目标客群，才能获得更大的利益。

二是三、四线及以下城市的用户占比高达52.3%，显示出了用户下沉。根据中国互联网信息中心第50次《中国互联网络发展状况统计报告》，截至2022年6月，农村地区互联网基础设施建设全面强化，我国现有行政村已实现"村村通宽带"，农村地区互联网普及率达58.8%。因此，如果将三、四线城市作为未来品牌营销的重点，那么可以提前针对这些区域的用户进行短视频营销，获得品牌营销的主动权。

三是用户的消费能力十分强大，这主要体现在两个方面：一是用户对他人消费有着极强的带动能力，可以推动对方促成消费；二是个体的消费转化，主要依靠网络红人带货、直播打赏等形成转化。

四是符合细分化、垂直化的方向。垂直领域人群持续聚集，为形成价值机遇奠定了良好的基础。

有数据显示，2020年后，中国短视频行业月独立设备数的环比增长速度逐渐放缓，短视频行业需要开始寻找新的突破口。因此，未来短视频行业需要探索更有潜力的用户经营和商业模式，在存量市场之外开拓新的市场。火山小视频也正是抓住了新市场深度拓展的发力点，才进行了此次平台的升级。

此外，三、四线城市网民的占比还在不断扩大，依旧保持着很强的增速。这也侧面反映了，"人群红利"在三、四线城市市场依旧存在。目前在火山小视频上，有大量三、四线城市新增网民因为找到兴趣点而沉淀了下来，在未来，这样的规模还会随着网民的增加而不断扩大。因此，火山小视频在未来的目标之一就是，帮助品牌在三、四线市场拓展目标客群，从而进行营销。

基于平台与用户的调性，火山小视频以圈层化的趋向为营销重点（如图2-4）。

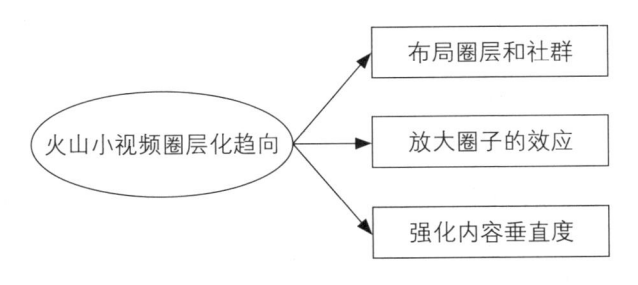

图2-4 火山小视频圈层化趋向的营销重点

一是在大方向上布局圈层和社群，三、四线城市的用户群体通过熟人关系（亲戚、朋友）和深入的行业兴趣建立起了十分紧密的社交圈层，这使他们有着更稳定的生活环境和稳固的社交关系。这种社交圈层使他们彼此之间关系更加紧密，进而影响到他们的消费决策。这与火山对三、四线城市用户的重点拓展和挖掘方向其实是相一致的。

社交圈层影响了社交电商的快速增长，2021年，社交电商行业交易规模达到25,323.5亿元，这个庞大的数字可以证明一切。

二是玩法上全面放大圈子的效应。火山小视频为了使更多兴趣相近、志同道合的人找到适合自己的圈子，上线了火山圈子。在圈子功能里，用户还可以选择成为一圈之主，来维护这个圈子的和谐和活跃性。

未来，火山直播还会签约更多优秀的"头部主播"，对频道进行精细管理。这些主播的目标并不仅仅是吸金，还需要成为具有榜样作用的公众人物，努力提升主播自身的内涵。

三是在内容的生产上，会对内容垂直度进行强化。火山平台上的美食、舞蹈、旅行都属于强势垂类。2019年，火山推出头部IP计划，对更多垂类进行强化，鼓励培养出更多优秀的垂类作者，从而创作出更加优质的内容反馈给垂类兴趣爱好者。

那么，短视频营销人员可以通过火山小视频的这些特性得到哪些启示呢？

其一是从用户运营的角度来说，圈层的向心力是通过兴趣的聚合来拉动用户的提升而形成的。

火山特征鲜明的人群圈层是由多样个体的依托而形成的。这些圈层分别是：以生活消费为依托的中坚力量圈层、以人群兴趣为依托的城镇休闲圈层、以行业垂直为依托的职业技能圈层。

圈层可以使圈内的用户产生共鸣、认同和归属感。他们产生于新兴的互联网消费群体，以同样的兴趣爱好、价值取向等聚集，形成圈层。圈层成员之间的包容性会远大于圈外人。因此，以圈层化来深度拓展用户成为重要的方向之一，兴趣属性强或者品牌特色鲜明的内容和产品，更受他们的青睐。

其二是从内容的生产和投放上，无论是贴近生活的内容、职业化内容还是时尚内容，总是能通过圈层内群体的转发扩散促进传播的裂变，最终有效渗透到圈层之外，在不同的圈层间形成回打效应，进一步扩大目标群体的范围。

在火山小视频上，既可以找到与自己有着相同兴趣爱好，又可以找到职业上有相同学习意愿和追求的圈中人，这样可以同时从生活和职场两个维度共同包裹用户，让火山不仅仅使用户在工作之余通过娱乐解压消遣，还能促进其在职场上与他人一起共同成长。这促使了火山与用户之间更强的连接性。

其三是从玩法的提升上，圈层与直播功能互相渗透，使网络红人与用户之间的连接更加紧密，更容易影响用户的思维模式。

每当一个网络红人产出内容，这个内容就会显示在他的置顶主页上，并根据网络红人"粉丝"的社交关系进行分发推荐，所以网络红人的"粉丝"会看到网络红人分享传播的品牌内容。

然后，"粉丝"又会根据网络红人的视频进行模仿，产出新的UGC内容。

网络红人上传的内容还会通过信息流资源进行深度推广，通过分析不同用户的兴趣，对用户进行精准推送，实现对兴趣人群的全面覆盖。

每当兴趣人群对该内容做出点赞、评论、模仿、合拍等行为，又会以不同形式触发对内容的进一步扩散，影响到那些潜在人群点击观看。当越来越多的人加入该话题当中，这个内容就被引爆了。这是内容从内向外扩散传播的路径，将会吸引潜在兴趣人群的关注，最终形成价值沉淀，包括品牌认知、品牌涨粉、产品购买、人群数据标签等。

其四是圈层营销。从营销的转化上看，缩短了从吸引力到消费力的心理回路。

这主要有三种体现。一是由于二、三线城市的休闲特性，消费者往往拥有较多的闲暇时间，与身边亲戚朋友的交往更加频繁，能够互相影响；二是当地人群消费的风向往往靠中坚力量带动和影响；三是作为本行业精英的职业人群，往往能在行业内发挥影响作用，能为特定行业的营销提升说服力。

最后，圈层营销可以实现从线上影响力到线下影响力的转移，之后再由线下回流至线上，由此实现新用户的拓展。

在短视频娱乐化、碎片化倾向越来越明显的当下，面对并不是今天才出现的社群化运营、圈层化营销思路，可以将社群化、圈层化与短视频的用户拓展及品牌营销相结合，这也无疑在2020年为火山小视频营销提供了新的视角。

公众号+直播：近年崛起的营销新势力

对于抖音快手这些短视频平台，很多人已经再熟悉不过了，现在还有一种新的玩法，就是微信公众号直播。

公众号其实对很多人来说并不陌生，刷刷鸡汤文，追追热门的新闻评论，看看最近的影评……对于多数人来说，公众号的作用也仅仅如此，但是如果说公众号也可以卖东西了，相信有些人会很好奇：难道是微商的另一套皮肤吗？当然有人会更关心另一个问题：微信公众号直播能不能像淘宝直播那样赚钱呢？

别的先不说，单说微信的受众群体，比淘宝有过之而无不及。要知道，直播带货玩的是转化率，这对微信来说可是一点也不虚的，不夸张地讲，微信直播带货，可谓是顺应了腾讯"天生武学奇才"的体质。

一方面，在布局架构方面有优势。腾讯直播其实是对公众号内容的一种承载，而淘宝抖音等平台已经验证了这一模式的可靠性，所以也就省去了试错成本，可以有良好的获客效果。当然，有人会觉得，现在微信公众号的阅读次数下降了，打开率降低了，还能获什么客啊？这的确是一种现状，与其看成千上万字的长文，不如去看更直观精简的短视频，毕竟碎片化的时间也挺宝贵的，但是这种选择并不是"非此即彼"的。恰恰相反，直播工具的出现，并不会真的抢走公众号的流量，反而可以起到延缓公众号阅读下滑的作用。腾讯完全可以利用全家桶优势传帮带，借助人气还没有掉得很难看的公众号大V，结合当下火爆的直播起死回生，对消费者来说，这样也能提升一下好感度，毕竟有粉丝基础的大V还是有一定号召力的。

另一方面，变现之路走得更顺。这个问题恐怕是大多数投身直播行业的人最关心的了，直播电商是为了卖货，那么和公众号结合之后，可以轻而易举地打造很多应用场景，把用户牢牢地抓取过来，引导他们购买。腾讯直播能够让用户从直播间快速打开自媒体小程序商城，这个过程可以是瞬发的，完全不给用户犹豫和考虑的机会，直接让他们被内容创作者产出的硬广和软广"洗脑"，从而吸引更多有商业头脑的创造者加入进来，形成良性循环。

其实，任何一个微信公众号的拥有者，都能够依靠自己之前积攒的粉丝和影响力，以打造有趣的直播方式来获得粉丝的关注，这样就有机会把粉丝转变为客户。打个比方，你是一个专门写亲子关系的公众号大V，可以轻易地用文字虚拟出各个应用场景，让宝妈宝爸们感受到育儿的辛苦，那么这其中肯定离不开商品，从吃的补铁肉泥到穿的连体衣服再到早期教育，这些都可以带货，而且转化的成本很低，有人气的直接上，没人气的慢慢积攒一段时间，如果有一篇10万+转发的文章诞生，就能帮助你迅速聚集一批粉丝，而且定位精准。

当然，公众号直播带货同样需要在拥有者和粉丝之间建立牢固的信任关系，这样才能提高转化效率。同样，稳定可靠的供应链也是维系带货顺利推进的保证，缺少一个环节的布局，都可能给商家和拥有者带来负面影响。毕竟，和阿里巴巴相比，腾讯并非专业做电商的，目前直播的某些服务功能并不是那么完善，想要走变现之路的话，需要多了解一下再出手。

腾讯直播的确有自身的弱点，但同时也有淘宝不具备的优势，这些也是在选择是否要进入时必须考虑的问题。

首先，有更广泛的人脉资源。

淘宝也好，抖音也好，它们的直播带货不过是大型种草现场，转化率有多高取决于主播自身的魅力，而在微信上，即便你个人魅力没那么强大，只要有说得过去的人缘就会有数不清的间接人脉——"朋友的朋友"，而这些都是你斩获新粉丝的基础。所以公众号直播其实是第二环节，前一个环节是沟通和培养感情。看起来比淘宝慢了一步，但是只要这一步走得稳了，接下来的问题就都不是问题了。打个比方，当某个人在腾讯看到直播时，忽然发现直播的人自己认识，那么有商品需求的话会马上购买给个面子，这就多了一条获客渠道。

其次，沟通效果更好。

腾讯作为依靠即时通信软件起家的商业帝国，最擅长的就是做聊天情境，借助微信，你可以很好地与客户沟通，而且这个沟通是全天候的。虽然其他视频APP也能聊天和留言，但是就打开率来说，微信占有很大优势。而短视频APP上的人基本上都是陌生人，本身就不掺杂任何感情，说不定一句话惹火了就直接进了黑名单，这种情况在微信上就比较少见，我们即使没有主动和别人聊天的意愿，也会习惯性地刷一刷，这样就容易和粉丝保持沟通关系。

再次，后期服务更容易。

相比于微信，淘宝直播的方式锁客能力较弱，虽然用户未必是奔着一锤子买卖来的，可如果对主播的黏着度不强，很可能象征性地买了一次之后就换了其他地方，导致客源流失。但微信就不同了，它本身就是交流平台，即便彼此是弱关系，但只要保持联络，就可能维护下去甚至升级，而且在售后这个环节上，微信也更容易及时和用户沟通，这对商家来说也是好事。

最后，存在裂变空间。

微信是典型的熟人圈子，所以才会有被拉黑、被删除无法直接看到的特点，也没有阿里旺旺那种"已读不回"的尴尬。说白了，微信上的社交是在帮助人圆回面子，有利于形成属于自己的圈子，打造一个半封闭的社交生态系统。在这个系统之下，人和人的关系更容易走向和谐，不会轻易撕破脸皮，所以要更稳定和长久。

至于到底选择哪一家直播带货，还是要看自己的优势在哪里以及不同时期平台和商家的政策。不过像微信这种全国月活量最大的平台，本身就是一个取之不尽用之不竭的流量池，加上各种公众号都能连接到小程序上促成消费，具有强大转化功能，拼多多就是典型的成功案例，我们可以大胆地预测一下，未来公众号直播也会成为一支不容小觑的主力，因为用户离它最近。

第三章

组建短视频营销团队的 8大诀窍

> 新时代的创业已经从单打独斗变成团队作战,短视频团队也不例外。相对于微电影创作,短视频的时长更短,但是"麻雀虽小五脏俱全"。每一个火爆的短视频都离不开团队成员的不断学习,默契配合。

组建短视频团队的5个步骤

要想创建一支优秀的短视频队伍,必须吸纳有才能与有经验的人员加入。短视频领域竞争激烈,一个团队要想在行业里站稳脚跟,每个团队成员都要共同分担日常工作,每个人都发挥着至关重要的作用。

"我过去常常认为两个平庸的员工才抵得上一位出色的人才,而现在,我觉得需要50个了。招募人才花去了我四分之一的时间。"此话出自乔布斯。

因此我们可以了解到,对于一个企业的发展,最关键的因素就是人。因此要建立一个优秀的短视频团队,招募人才也就成了最重要的工作。可在短视频企业经营短视频的过程当中,怎样才能找到需要的人才呢?根据短视频的运营特点,我们把招聘过程做了详细分解(如图3-1)。

1. 招聘之前的准备

首先要分析短视频团队的基本情况,明确自身需要什么,找准招聘的方向,这样才能找到适合团队的员工。所以,招聘员工之前要把这些基本工作做好,内容主要有以下几个部分:

(1)明确岗位要求

不同的团队需要不同的专业人才,团队在形成之初需要先搞明白自己需要哪方面的人才。而一支专业的短视频团队就需要编导、摄像师、剪辑师、后期特效等人员。只有明确岗位需求,才能招聘到最合适的人才。

```
短视频团队人才的招聘
├─ 招聘之前的准备
│   ├─ 明确岗位要求
│   ├─ 选择和分析渠道
│   ├─ 拟定信息并进行有效宣传
│   ├─ 选择与准备场地
│   └─ 设置面试小组
├─ 发布招聘信息
│   ├─ 短视频行业的发展趋势
│   ├─ 短视频团队的具体职位描述
│   ├─ 短视频行业的职位待遇
│   └─ 所招聘职位的任职要求
├─ 筛选简历
├─ 面试
│   ├─ 作品
│   ├─ 技能
│   └─ 现场提问
└─ 筛选出合格的员工
```

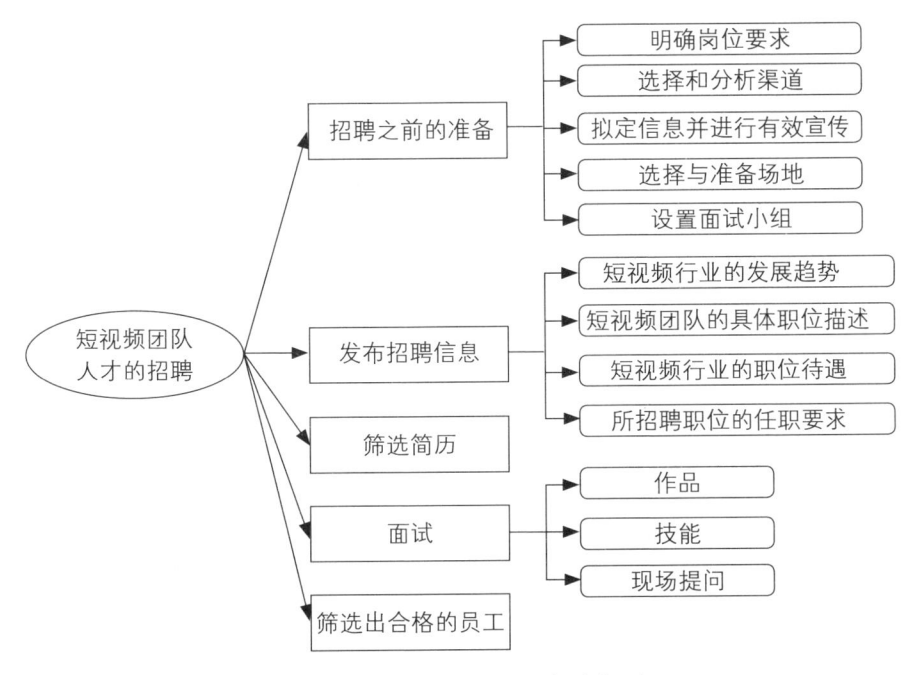

图3-1　短视频团队人才的招聘

（2）选择和分析渠道

短视频团队明确好自身在用人方面的要求后，就要了解当地的人才流动与集中的情况，还要对现有的招聘渠道进行质量分析。

短视频团队在明确了所需人才的要求和标准之后，就要选择合适的招聘渠道了。在选择时，要充分考虑团队的预算，还要考虑应聘者的数量、质量，及其与招聘岗位的匹配程度，等等，反而满足短视频团队的用人需求。

（3）拟定信息并进行有效宣传

团队在正式开始招聘之前，要提前拟定团队简介、发展历程、短视频团队自身具备的优势、行业发展前景等内容，需要做到对应聘者有吸引力。除了这些，还可以专门定制特色宣传手册、海报等，让求职者对团队有更深入的了解。

（4）选择与准备场地

团队需提前选择好场地用于面试，最好是干净整洁且能突出团队特色的。场地确定下来后，还要简单布置一下，将纸笔、茶水、申请表等提前备好，还要专门设置面试的接待人员。

（5）设置面试小组

团队里提前设置一个面试小组，由团队成员组成，还要准备好面试题目。短视频团队可以根据用人需求的不同，向求职者提出有针对性的问题。只有提前准备好面试题，面试官才可以了解到求职者的真实专业水平、自我创新能力以及应变能力。

以上5点准备都做好之后，团队就可以开始正式招聘人员了。

2．发布招聘信息

招聘前的准备工作做好以后，就可以找相关渠道发布团队的招聘信息了。通常情况下，一份专业的招聘企划书，至少要有4个方面内容。

（1）短视频行业的发展趋势

求职者们往往更希望投身到一个发展前景良好的行业，所以一份招聘企划书，其中对整个短视频行业的发展趋势的描述是最不能缺少的部分。求职者会真切地想知道自己未来要面对的究竟是怎样一个行业。

（2）短视频团队的具体职位描述

在这一部分中，需要解释清楚所招聘职位的具体工作内容，比如招聘的是摄像师，那就要告诉求职者，摄像师需要负责的工作是设计镜头、采光和全程拍摄，而且还包括前期搭建摄影棚、设定视频拍摄风格，等等。

（3）短视频行业的职位待遇

求职者通常最关心的是职业待遇问题，那么招聘时不仅要注明基本工资、加班补助、奖金信息，同时还要写明工作环境、上下班时间、晋升渠道等，这些都是求职者关心的问题。方便的话，也可以介绍一下公司之前举办过什么活动、聚会等。

（4）所招聘职位的任职要求

因为当前的短视频行业正处于起步阶段，所以在满足硬性指标的情况下，其他要求可以适当放宽些。例如一个剪辑师精通剪辑软件，却只会点基础的包装软件，在没有合适的人选下，我们也可以适当地放宽要求，毕竟这些技能也是可以通过以后的工作不断学习的。

3. 筛选简历

通过这一步骤可以筛选出两种人：一种是曾经从事过短视频行业的人，一种是掌握着相应的视频制作技能并想要在短视频行业长期发展的人。这两种人通常就是团队所需要的人，他们往往可以迅速融入团队。

4. 面试

招聘流程中最为关键的一个环节就是面试，这往往决定着企业是否能够成功发现并吸引到适合的工作人员，因此用人一方必须给予相当高的重视。一般情况下，面试环节需要考虑3个方面的内容。

（1）作品

需要询问求职者是否有自己的作品，完成这个作品花费了多少时间，还有作品的反响如何等。

（2）技能

需要询问求职者具备哪方面的技能，具体会使用哪些软件，所掌握的技能是否跟以后的工作有较强的关联性。因为这些都是求职者和一个职位相匹配的最基本条件。如果聘用一个编导，只会策划，却不懂镜头脚本，这会严重影响短视频的拍摄进度。

（3）现场提问

这个主要就是考验求职者的现场反应能力，如果是招聘编导，可以给他一个主题，要求他现场策划，以验证他是否具有创意和策划能力；如果是招聘摄像师，可以让他现场拍摄一个视频，看他拍摄的视频是否流畅清晰；如果是招聘剪辑师，可以给他一个视频，请他当场剪辑，看他的剪辑水平如何；如果是招聘运营人员，就要了解他是否对短视频感兴趣，进行短视频的后期推广工作。

以上这些只是团队的基本要求，其他方面还有应聘者的学历、性格、价值观等，就不一一举例说明了，可根据团队自身情况分辨。

5. 筛选出合格的员工

经过一道道流程，我们对于应聘者的基本信息已经有了初步了解。一般情况下，只要符合短视频团队的需求，就可以考虑让应聘者加入短视频团队。性格开朗、热爱互联网，且有志于从事短视频工作的应聘者可以优先考虑。

短视频招募团队的3个要点

短视频作为一个全新的媒体行业，跟传统行业的工作性质和要求是有很大不同的，除去上面这些招聘流程之外，企业在招聘时还需要注意以下几方面问题。

1. 团队人员并非越多越好

人贵在精而不在多。团队对于短视频的发展虽然有着巨大的作用，但这并不意味着招募人员时就得多多益善。如果一个优秀的摄像师精通拍摄和镜头脚本，短视频后期就不用过多的剪辑，那短视频的制作成本就可以大大地降低了。

Papi酱的短视频曾经风靡全国，根据Papi酱的合伙人杨铭所说，Papi酱前期的一系列视频都是Papi酱本人自导自演的，一个人不但担当编导，还充当演员，最后也负责拍摄和剪辑。Papi酱身兼数职，所创造的价值远远超过了一般团队。

一人身兼数职，不但能将员工的最大潜力发挥出来，为团队创造价值，而且这样分配更能提高视频的更新速度，还能降低短视频的制作成本。

2. 需要做到有效招聘

短视频团队经过层层筛选，最终招聘到了适合的新员工，还需要在新员工入职后及时跟进。假如新员工不能够胜任工作，肯定会影响到整个短视频团队的发展。比如说，短视频更新缓慢、视频质量无法得到保证、"粉丝"无法得到及时回复，等等。这样的招聘就跟组建团队的初衷背离了，不能算是一次有效的招聘。

负责招聘的相关人员需要根据实际情况的变化，调整自己的招聘方法，只有真正胜任短视频工作的人，才是团队所需要的。

对于一位专业人员来说，在短视频制作周期与制作成本较小的情况下，是可以完成日更的。而一些需要反复打磨推敲，制作周期和制作成本较高的产品线，也许就需要四五个人花费一周时间才能产出一个优质视频。

精品才是短视频团队需要追求的目标，而非数量，所以团队的每一个视频都需要精心地打磨，在做到这些的基础上再追求效率和产出。

3. 招聘需要量力而行

因为市场经济的缘故，求职者的个人能力往往是和待遇成正比的。能力强的人待遇自然高，能力弱的人待遇就会低，企业需要根据自身情况进行招聘。

如果企业的资金非常充足，那么就可以在招聘短视频团队的过程中用高出短视频行业平均水平的薪资吸引有经验的高端人才。

而如果企业处于创立初期，实力与资金往往比较有限，开始时可以尝试招聘那些对薪水要求不高的应届毕业生，又或者是那些想转行到短视频行业的人员，因为短视频的制作过程并不复杂，通过后期的学习也是可以胜任的。

对于一个组建初期的短视频创业团队来说，假如一个人就可以完成所有工作，自然是最节省成本的，但这个人往往必须具备策划、拍摄、表演、剪辑、包装等多项技能，同时还要了解运营方面的工作。而如果是两个人的组合，就必然是编导和运营的组合，而且这个编导还要是全能的，要能完成与视频内容相关的全部工作。

因此，一般建议，如果你的视频内容方向已经确定了，并计划周产视频两到三个，视频时长都在五分钟左右，那么最佳的人员配比是四到五个人，而且这些和内容的方向也有着非常大的关系，一些复杂的内容团队人数还需要增加。

因为每个短视频团队的产品质量以及品类都各不相同，所以人员配比的具体情况并没有一个固定的标准。短视频团队需要根据自身实际情况和具体需求，来选择员工的数量和质量。

总而言之，短视频企业需要结合实际情况和预算，有效地进行招聘，在恰当的时候，对人员结构进行优化，争取把人员配置做到最佳，建立起一支高效的短视频团队。这样才能制作出优质的短视频内容，提高短视频更新速度，迅速成为短视频行业的佼佼者。

做到这3点，非专业演员也能拍出好视频

当下迅速崛起的短视频行业，一如当初火爆一时的微电影，吸引了大批优秀的新媒体从业者投身其中进行创作，于是对短视频演员的需求也开始大量增加。

一个制作精良、充满创意的短视频，可以在网上造成上百万的浏览量，虽然这与编导、摄像等工作有着密不可分的关系，但不论多新颖的创意，最终都需要落实在演员的表演上。所以短视频团队对演员的挑选，也是视频创作中极为重要的部分。

根据视频类型的不同，短视频行业的演员所要具备的表演技能也大不相

同，而且短视频的时长也决定了短视频演员跟传统演员的不同。一般来说，各种类型的短视频对演员的要求都是不一样的。

例如脱口秀类型的短视频，就需要一些可以表现夸张表情以及生动有趣地做口头表达的演员；而在故事叙述类型的短视频中，就对演员的演技以及肢体语言的表现能力有着较高的要求；还有美食类型的短视频，要求演员能传达出食物的吸引力，而且较多的短视频都会选择体型较胖的演员，这是因为他们更能突出主题；除了这些，那些数码科技类和生活技巧类以及电影解说类的短视频则不需要演员有太高的演技。

很多想要涉足短视频领域的表演爱好者常常会把自己跟专业演员做比较，然后感觉自己并不适合拍短视频。之所以会产生这样的想法，主要是对短视频行业不够熟悉。

专业演员有专业演员的优势，在那些主要表现故事情节的视频里，往往专业的演员才能胜任。但大多数短视频对演员的要求是相当低的，只要演员可以与各个岗位的人员沟通，不惧怕镜头，有较强的心理素质，在拍摄期间足以应对编导和摄像的一些要求就可以了。这样的基本条件很多人都具备。所以，短视频里出现的演员很多本身就是团队的幕后工作人员，各个岗位的人员都有可能做短视频的演员。

一个从未经过任何专业训练的素人，只需要勤加练习、模仿与沟通，也能基本达到短视频演员的要求（如图3-2）。

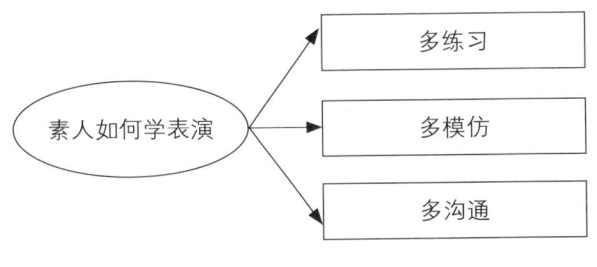

图3-2 素人如何学表演

1. 多练习

在拍摄视频前，新手演员免不了都会出现紧张的情况，这个现象十分正常。所以演员平时在不拍视频的情况下，要多多背诵台词，缓解紧张的情绪，争取做到在视频正式录制的时候不怯场，背台词时不漏掉重要信息。

2. 多模仿

短视频领域目前已经有着许多受到广大网友喜爱的演员。作为一名新演员，可以向前辈学习。

如果要做的是脱口秀的短视频，那就去学习台词、节奏、表情等，通过不断学习与总结，最后就可以得到提升。

3. 多沟通

演员在团队的工作当中最重要的就是表现好剧本的内容和风格，所以要多和编导、摄像及其他部门的工作人员沟通。要充分理解编导的意图，这样才可以在表演过程中有目的地发挥演技，从而顺利完成拍摄。

优秀短视频演员必须具备的4种能力

优秀的短视频演员应该具备以下几种能力（如图3-3）。

```
                        ┌─────────┐
                    ┌──→│  想象力  │
                    │   └─────────┘
                    │   ┌─────────┐
┌──────────────┐    ├──→│  注意力  │
│ 优秀短视频演员 │────┤   └─────────┘
│ 必须具备的能力 │    │   ┌─────────┐
└──────────────┘    ├──→│  理解力  │
                    │   └─────────┘
                    │   ┌─────────┐
                    └──→│  表现力  │
                        └─────────┘
```

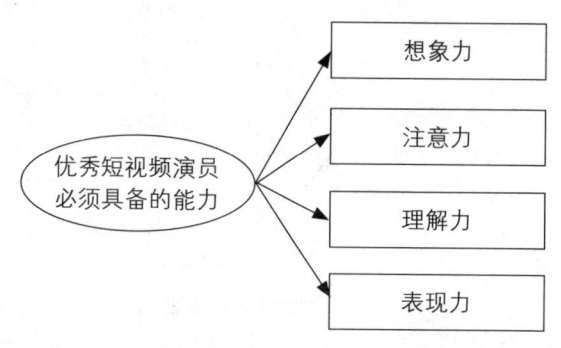

图3-3 优秀短视频演员必须具备的能力

1. 想象力

这里的想象力指的是演员在接到剧本和脚本之后,对于编导想要呈现的剧情能有一个大概地了解。虽然这些都是要在剧本的框架内进行想象,但这其实也是在表演的时候对剧本进行再创作的过程。对于编导提供的剧本框架,演员需要在有限的环境条件下把剧本里面的一些书面的、抽象的东西想办法表现得更加生动和具体。

演员的想象力能够对剧本起到深化补充的作用,可以触发情绪体验,从而增强作品的感染力。而且想象力还能够激发演员的现场即兴创作,起到丰富与改进作品内容的作用。想象力和平时的生活积累与艺术修养有着十分密切的关系,因为只有积累起了足够多的经验,才能够在表演中发挥自己的想象力,达到为作品增添独特生活气息的效果。

2. 注意力

演员在现场拍摄的时候,周围的环境可能异常复杂,常常会受到很多因素的干扰,比如恶劣的天气,围观的人群,等等。每当这个时候,就需要演员特别专注自身的表演,同时要专注对方演员的表演,还要积极配合做出适当的反应。作为一个优秀的演员,必须在片场完全沉浸在角色里,要善于利用表演上面的技巧来表现人物性格,不能受到外界干扰,要从头到尾保持专注。

3. 理解力

演员都是按照剧本来演戏的,并且在拍摄表演的过程中还需要和许多岗位保持密切沟通,以便把握表演的方向,从而确保视频的最终效果。所以,演员还有最重要的一点是对剧本的准确把握。剧本是剧组所有工作的大纲,演员的工作就是将剧本内容完整地呈现出来,因而演员必须具备较强的个人理解能力。

4. 表现力

演员最基础的能力就是表现力。演员在短视频的创作中,需要在短时间内传递许多的信息，因此需要多使用夸张以及网络化的表情。拥有较强的表现力才能吸引用户观看，这对演员来说是非常重要的一个基本素质。

短视频编导必须具备的5项能力

　　编导是一个短视频创作团队的最高指挥官。一般传统影视制作流程中，导演的工作内容就是策划、脚本创作、镜头、包装以及一些剪辑工作，这些情况在新媒体短视频创作中同样适用。短短一个视频，可能只有五分钟左右，但需要表现的内容却必须是完整的。视频信息密度大的同时，还得引起用户的注意并促使其转发，所以对短视频的整体规划有了更高的要求，短视频编导的日常工作内容便在于此。

　　一个专业的编导，一定要按照短视频的定位以及风格制定好拍摄计划，协调各方面人员，确保工作顺利进行。这对团队人员的整体素质有非常高的要求。

　　一般来说，一个编导的任职要求是有多年的相关工作经验，参与过影视作品的创作，对于拍摄过程中可能出现的各种情况都能做到心中有数。除此之外，短视频要想在短时间内吸引大规模的流量，编导的创意是必不可少的。

　　通常情况下，一个短视频创作团队的编导需要具备以下能力（如图3-4）。

1. 要有强大的表达能力

　　编导的工作内容涉及团队的方方面面，要想顺利地进行工作，需要各部门的配合。那么编导在团队里的作用就是协调，让大家可以朝着同一个目标共同前进。所以，优秀的口头表达能力是编导人员必不可少的。除此之外，

```
短视频编导需具备的能力
    ├─→ 要有强大的表达能力
    ├─→ 要有承受压力的能力
    ├─→ 要有独立判断的能力
    ├─→ 要有艺术审美的能力
    └─→ 要善于血虚
```

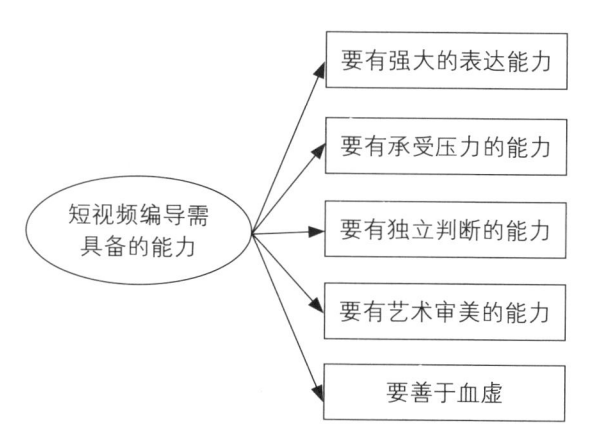

图3-4　短视频编导需具备的能力

编导还需要负责创作脚本，文字的表达能力也不能太弱。

2. 要有承受压力的能力

创作短视频的过程中，肯定要面对经济压力、时间压力，以及来自观众的负面评价等，编导都需要顶着这些压力，将短视频项目进行下去，所以强大的心理素质是不可或缺的。

3. 要有独立判断的能力

团队当中，工作中的一切决定都是交由编导来做的，编导决定着短视频作品的整体水平。但由于各种方面条件的限制，可能会出现突发事件从而影响编导的工作节奏。所以面对来自外界的干扰，编导需要坚持自身的审美，做出优秀的作品。

4. 要有艺术审美的能力

短视频作为一种新兴的媒体传播形式，是具备一定美感的。所以，编导还需要具备一定的审美能力。

5. 要善于学习

编导创作一个短视频不是一蹴而就的。即使是科班出身的编导，也要在实际工作中通过许多年的学习与磨炼，最终才能创作出高水平的作品。假如只是短视频爱好者，学习相关知识就更为重要。而学习最重要的方法就是观看优秀的短视频作品，熟练掌握常见的拍摄技巧和镜头表现方式，不断提升自身的能力。

短视频编导的6项工作职责

一个团队绝对的核心当属编导。短视频团队最好有一个专业的编导，这样相对能保障视频的基本品质。

这个编导，就像一个项目经理，能从头至尾对短视频进行把控。

1. 策划视频

视频策划一般是指根据视频受众的特征，确定视频的风格和创作的方向。而根据短视频的内容，大致可以分为以下几个种类：生活类、商业类、泛娱乐类、知识类。

生活类视频的受众注重的是"有用"，商业类视频的受众注重的是"有关"。泛娱乐类的受众相对年轻，喜欢的是恶搞和吐槽，这类受众在互联网上往往是最多的。要做这类短视频的策划，需要时刻知道受众喜欢什么，能提出具有创意的想法，对短视频内容的要求是"有趣"。知识类短视频的受众往往比较理性，喜欢那种博学以及阅历丰富的视频作者，对短视频内容的要求是"有料"。以上这些原则对短视频的拍摄来讲都具有十分重要的指导意义。

比如，拍一个生活类短视频时，演员的表演不能太过夸张，灯光不宜太过强烈，视频节奏不能太快。而一个知识类短视频，拍摄时要通过通俗易懂的语言将知识的重点、难点讲出来，所以视频的画面不能太过跳跃，但也不能静止不动，这样容易让观众视觉疲劳，需要把握好讲述的节奏和镜头的切换。

2. 创作脚本

简简单单的一个场景中，在拍摄不同的视频时都需要一个脚本来指导拍摄。视频拍摄的基础就是脚本，优秀的脚本会对摄影师以及演员有明确的指导作用，使视频拍摄得以顺利进行。编导创作脚本时，要考虑剧本以及短视频的整体风格，要精心设计镜头长度、景别、配乐、构图等诸多细节，都是为了增强作品的表现力。

3. 现场拍摄

拍摄过程中，会涉及编导、摄影、演员对脚本的理解和沟通。编导会在现场严格监控拍摄的动向，需观察拍摄是否能完整地表现短视频的设计思路，还要对其他工作人员提出要求，争取最完美地完成拍摄任务。

4. 后期剪辑

短视频的后期剪辑工作对于完整体现短视频的意图非常重要。在这个阶段，编导要和后期剪辑人员进行沟通，确保视频的风格可以全面地展现出来。

5. 包装短视频

短视频的包装具体指的是片头和片尾的设计，包装能够提升短视频的价值，这需要编导和客户沟通之后确定最终的设计方案，还要保证切实执行。

6. 参与表演

编导在短视频创作团队里是一切工作的统领者，最应该了解短视频的整体风格与核心思想。在团队创作中，如果没有适合的演员或演员临时爽约，编导还要随时救场或充当群演。

短视频摄像师必须具备的7种能力

除了编导，在一个短视频团队里最核心的人员就是摄像师了。因为短视频是拍出来的，视频的表现力和意境都是需要通过镜头语言来表现的。一个优秀的摄像师需要将编导制定的拍摄任务通过镜头表现出来，这样才能为剪辑留下完美的原始素材，从而节约大量的制作成本，最终呈现完美的视频内容。

一个优秀的摄像师必须具备以下这些能力（如图3-5）。

1. 具备观察力

摄像师要想在拍摄现场完美捕捉拍摄主体的精彩镜间，从而完成影片的拍摄，最不可或缺的一个能力就是细致的观察力。

演员的表情总是一闪而过的。拥有细致的观察能力，才能在众多表情中辨别出最需要的、最有表现力的那一个，从而完成拍摄。

而且，在现场拍摄的过程中，摄像师还要根据实际情况，比如增强画面的表现力，能对编导的脚本提出建设性的意见。这一切都仰仗于摄像师细致入微的观察力。

2. 具备应变力

拍摄现场可能会发生各种意想不到的情况，演员在表现时也会有各种不同的状态。在不同的情况下，摄像师要能够在一系列画面中，找到最佳的拍摄角度、最佳的光线效果和演员最丰富的表情动作，从而为短视频后期制作提供最佳的原始素材。

3. 具备协调能力

拍摄的现场，摄像师的具体工作与场景、服装、化妆、演员等密切相关。摄像师需要对拍摄的画面负责，还要跟各个部门沟通好，所以摄像师的协调能力是非常重要的。协调好各个部门，才能呈现出最好的画面效果。

4. 具备沟通能力

摄像师在视频创作团队中的地位相当于编导的副手。为了能拍摄出最佳的画面,摄像师们常常要跟演员、灯光等部门的人员进行沟通,以确保画面能够完美呈现。和编导一样,对于摄像师来讲,协调沟通能力也是非常重要的。

各个部门之间的协作,通常都不会是一帆风顺的。摄像师除了要接受来自编导的脚本,还要了解编导的拍摄意图,从而指导拍摄工作。摄像师非常需要各部门配合工作,所以优秀的沟通能力也是摄像师需要具备的。

5. 理解脚本的能力

摄影师在收到编导的脚本之后,要做的就是理解编导的意图。他需要根据脚本,自行描绘出一幅符合脚本的生动画面;然后根据心中的意象以及需要展示的内容,构思出最好的镜头进行呈现,所以摄像师对于脚本的理解是必不可少的。

分镜头的脚本里,往往会写出景别、镜头技巧以及拍摄时间等内容,这都是需要摄影师提前了解的。

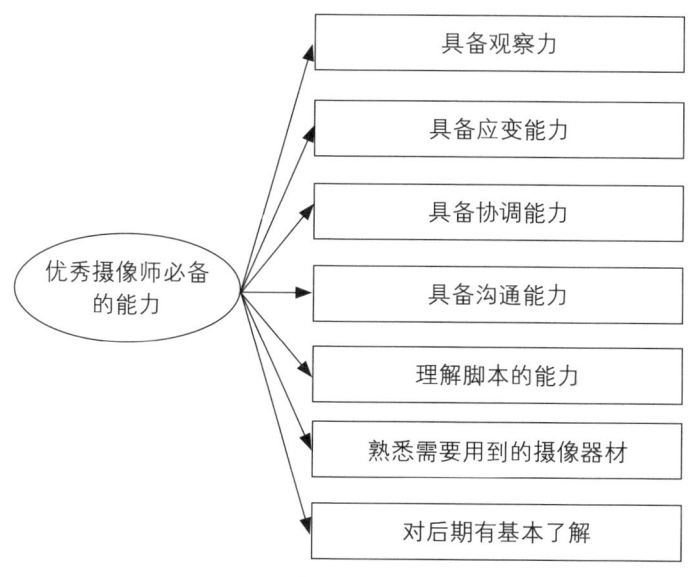

图3-5 优秀摄像师必备的能力

6. 熟悉需要用到的摄像器材

能够熟练操作摄像器材，这样才能保证基本的进度与质量。

7. 对后期有基本的了解

对后期剪辑与包装有基本了解，不但有助于摄像师在拍摄过程中提前准备素材，还有利于后期剪辑工作的顺利进行。如果摄像师能提供质量好的素材，那么剪辑工作就会非常顺利。可如果摄像师拍摄的素材毫无章法可循，就会导致后续的剪辑工作毫无头绪，最终直接影响短视频的成片和发布。

处在现代社会之中，每天都有新鲜事物不断涌现，短视频就是最好的例子。因为短视频的受众普遍都喜欢追求新颖、标新立异，所以摄像师不能故步自封，否则拍出来的东西再好，也很快就会与受众脱节。正因如此，摄像师要永远保持着对工作的热情和对创意的尊重，这是摄像师职业生涯中最为重要的一环。

剪辑师必须具备的8种能力

短视频创作团队最不可或缺的职位就是后期制作。通常来讲，短视频拍摄完成之后，就需要对拍摄的素材进行组合选择，去掉一些没有用的素材，保留最精华的部分，还需要用到一些后期编辑软件对拍摄的作品进行配乐、配音和特效制作，做这些工作就是为了最准确地突出短视频的核心主题，确保短视频结构严谨、风格鲜明。

后期制作对于短视频创作来说，是"点睛之笔"，能够把拍摄得杂乱无章的素材有效整合，从而组合成一个完整的成品。其实这种把素材变为作品的过程也是一个用心再创作的过程。

作为剪辑师，需要具备如下几种基本能力（如图3-6）。

1. 快速反应的能力

剪辑师需要在拍摄完成以后,按照编导的想法对视频素材进行后期制作,所以和编导的交流是必不可少的,这是决定后期制作的方向以及风格的关键。在这个阶段,剪辑师要做的就是快速记忆、理解,对自己不了解的一些细节要多次确认。这种快速反应的能力是剪辑师不可或缺的。

2. 有耐心

在工作的时候,短短的一段视频往往需要许多个小时才可以剪辑完成。中途还不能去做其他的事情,因为这会把之前的剪辑思路全都打断,在剪辑的过程中产生不好的影响。所以剪辑常常都是从头到尾,一气呵成的,剪辑师要在电脑前长时间地工作,耐心当然是必不可少的。

3. 有一定的审美能力

审美能力也是剪辑师的基本能力之一。尽管在不同类型的视频里对审美能力的要求都各不相同,比如美业相关的短视频对审美能力的要求最高。世界上没有人会喜爱丑的东西,所以剪辑师的一个重要任务就是不断提高自己的审美能力。

4. 有一定的文学修养

将一大堆零零散散的素材进行整合,形成一个完整的作品,这个过程就好比将一个个方块汉字组合起来,写成一篇文章。一个短视频作品的亮点与高潮都掌握在剪辑师手里。对于整部作品的剪辑节奏,哪里需要添加音乐,哪里需要添加特效,哪里节奏要放缓,哪里节奏该加快,都需要剪辑师的精准控制。最终所达到的效果,就是经过剪辑师的努力,短视频已经不再是单纯的记录,而是成了一个拥有强大感染力的影像故事,能对观众产生最直接的影响。

5. 对摄像素材进行正确的取舍

剪辑师工作中最常见的问题就是面对摄影素材的取舍。拍摄一段短视频所需要的素材往往多达十几个小时,但剪辑之后也就几分钟。对摄像师和演员来说,每一个片段都来之不易,去掉都会可惜,但剪辑师的工作中最常用到的就是"减法"了。对于一些不符合要求的片段，就要敢于舍弃。

6. 设计好转场

剪辑师日常工作中的另一项重要内容就是设计转场，转场是指两个场景之间的切换。原始的素材之间是没有衔接的，剪辑师要做的就是将各类素材自然地衔接起来，同时需要照顾观众的视觉感受和短视频作品的整体基调。

7. 做到先闻其声

剪辑师工作中有一个常用的小技巧，就是将人物语音和音乐放置在画面前面一点的位置。这样呈现出来的效果就是，先闻其声，再见其行。这样的设计会使得画面比较自然，给观众带来非常流畅地观看体验。

8. 适当地使用配乐

在视频进展到温馨的地方或是高潮部分，常常会适时地响起应景的音乐。这些音乐在这里可以起到表达情绪、增强感染力的作用，同时还可以让视频画面的衔接更加自然，这对提升视频的流畅度有着很好的作用。

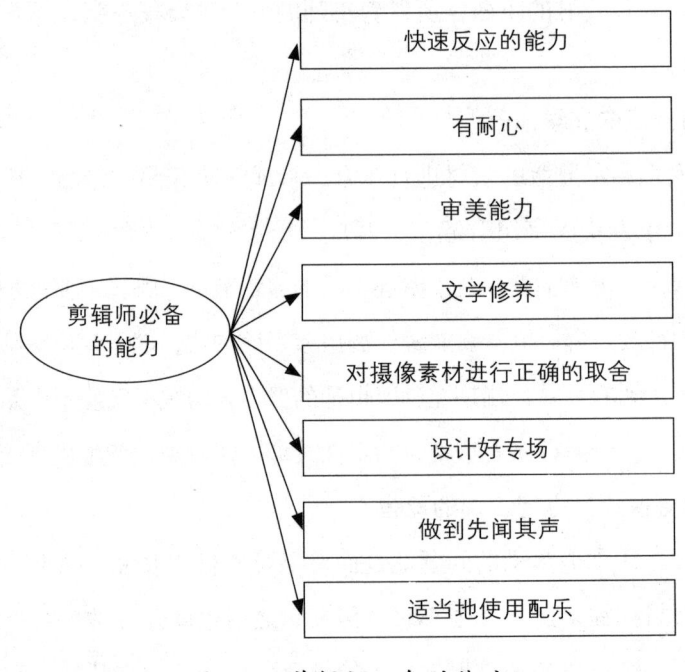

图3-6 剪辑师必备的能力

第四章 ▶

拍摄短视频不可或缺的 3 大法宝

所谓"工欲善其事，必先利其器"，要想拍摄出优质的短视频，对于器材与拍摄绝对不能忽视。面对不同种类的器材，应该如何选择，如何应用，是考验制作团队的大问题。本章将对这一方面的内容作出详细的介绍。

在合理预算内选择适用的摄影机

拍摄短视频一定要正确选择摄影机，一般可以从资金预算、摄影机功能和短视频题材几方面综合考虑。

1. 选择拍摄器材时要考虑团队的预算

短视频团队在选择拍摄设备时，可以从拍摄器材的预算上考虑。

（1）预算为零

预算只有零元的话，就只能使用手机来进行短视频的拍摄了。如果一个短视频创作团队刚刚起步，没有多余的预算，可以采取这种方式来节省开支，把主要的资金都放在视频内容的创作上。创作团队处在初期阶段，还不需要购置太高档的摄像设备。

现在市面上的手机所具备的摄像功能基本上能够满足团队的创作需求，而且手机还可以下载许多不同的软件，也可以满足短视频团队对视频进行文字、图的特殊处理需求。因此，在团队资金不是非常充足的情况下，手机是完全可以替代其他拍摄设备的。

（2）预算为3,000元左右

即便手机所拍摄的视频效果并不会很差，但和专业的摄像设备相比也还是有一定差距的。所以如果短视频团队发展到了一定的规模，但拍摄的场地还不是很大，对动态镜头的要求不高的话，可以考虑入手一台单反相机，比如佳能800D系列的单反，镜头是18到55mm焦距的，价格也比较实惠。并且单反相机操作起来也算方便，对使用者的水平要求并不高。

（3）预算为7,000元以上

当短视频团队的资金非常充足，而且对短视频内容以及画面质量的要求非常精细，那么就可以入手一个品牌的系列相机，想要相机配置高级点的可以选择800D系列，镜头焦距在18到135mm的单反相机。而这样做的目的就是，两台相机配合使用，而且同一品牌的系列相机，能够避免光线不同所导致的色彩上的差异，同时也可避免短视频团队花费大量时间去适应新的机型。

除了这些，当然也可以选择直接购买一台业务级别的摄像机。因为业务级别的摄像机通常都是集成度非常高、非常专业的拍摄设备，当然，相应的价格也会提高，一般都是万元起步。

2. 选择时要考量拍摄器材的功能

一部视频的画面清晰度、色彩以及流畅程度，往往是由拍摄器材所决定的，所以如果想拍摄一部能够快速吸引用户成为"粉丝"的短视频，第一就要先知道在拍摄短视频之前，这部视频的创作到底适合用怎样的拍摄器材来拍。由于社会科技水平逐步提高，视频拍摄器材的科技含量也越来越高，所以想要选择合适的设备，首先要考量的就是它的便捷度和操作方式，而且要知道，不同的人所追求的拍摄效果也都是不同的。

优质的画面通常都是由精良的拍摄器材呈现出来的，这非常有助于提高用户的观看体验。因此对于一个短视频团队来说，设备的选择可从以下方面着手。

目前大家所熟知的短视频拍摄器材有手机、摄像机、单反相机这三种类型的设备，那么如果想要短视频最终的播放效果符合心理预期，所使用拍摄器材的功能就显得尤为重要了。以下，可以了解到刚才提到的拍摄器材具体有哪些不同的拍摄效果。

（1）清晰度上有所区别

在创作短视频的时候，视频的清晰度是最关键的。现在人们观看的短视频的画面大多是彩色的，假如说拍摄的短视频画面清晰度很低，那么即便画面的配色再绚丽，即使内容做得再好，用户的观看体验也是很难得到提高的。好在，现在的智能手机如苹果、三星这些昂贵的高端机，摄像头已经异常强大了，乃至超过了一般的摄像机设备。

（2）不同设备在变焦上有所区别

拍摄器材在功能选择上还有一个重要的因素，那就是变焦。变焦实际上可以分出许多种类来，比如说数码变焦、光学变焦、双摄变焦等。表面上说起来，在望远拍摄要放大远处的物体时，需要使用这几种变焦能力，可实际上能够在放大图像的基础上保持缓慢的清晰度就只有光学变焦能做到。

根据被拍摄物体的位置远近不同，需要使用的变焦倍数也是不一样的。一般情况下，越是远距离的拍摄越是需要更大的变焦倍数。然而市面上的很多智能机都说是具备变焦功能，可是碍于技术条件和手机自身体积限制，它们更多地采用了数码变焦方案。

但是数码变焦只是强行把取景的图像放大了而已，并没有改变镜头的焦距，这就是为什么有人在非常远的观众席上用手机拍大型演出或是体育赛事的时候，虽然采取了数码变焦，可拍出来的画面还是难以辨别出人像。

至于摄像机以及单反相机这些专业级别的拍摄器材，是能够更换镜头的，所以在变焦这项功能上它们有更多的选择。只要根据被拍摄物体的远近距离，选择不同的镜头以及变焦倍数，那么拍摄出来的作品就会有更高的清晰度，也会更加真实。

如上所述，只要可以满足短视频团队的日常拍摄需求，选择手机这种简单的拍摄器材就好。

而如果是要根据不同场景选用不同镜头和变焦倍数，就只有单反相机或者是摄影机这些专业级别的拍摄设备才能满足短视频的拍摄需求。

（3）不同设备在防抖上有所区别

在手持设备拍摄的过程中，人的手是会抖动的，那么为了减少甚至是防止视频在拍摄过程中由于抖动而造成影像模糊的情况，就需要防抖功能的介入。通常拍摄环境的光线较好时，防抖功能无法发挥显著作用，但是在拍摄环境的光线比较暗的情况下，画质的提升就需要依赖防抖功能了。

拍摄设备中常见的防抖方式有两种：电子防抖和光学防抖，防抖功能的加入虽然可以提高画面质量，然而并不是每一个设备都具备防抖功能。

光学防抖又可以分为机身防抖和镜头防抖。机身防抖就是直接在设备上添加一个抖动的感应器，它能够感应到抖动的幅度，接着移动感光的组件，从而抵消抖动产生的影响。而镜头防抖就主要是在拍摄器材镜头内部安装一组能够活动的PSD镜片，这样每当在拍摄途中出现抖动时，设备就能够自动检测出抖动的方向，从而移动PSD镜头到抖动所在的方向上，弥补抖动所带来的影响。不过这样的设置是非常复杂的，而且成本非常高，所以只有在那些高端的摄像机上才会配备。

而电子防抖，也就是CCD防抖，采取的是数字电路来对画面进行防抖处理，这项技术实际上就是通过降低画面质量来弥补拍摄过程中抖动所造成的影响。电子防抖所需要的技术成本是非常低的，所以许多的普通数码相机都有电子防抖的功能。而如果拿电子防抖和光学防抖进行比较的话，无疑是光学防抖更胜一筹。

智能手机还在不断地发展进步，越来越多的品牌手机也都加入了光学防抖的功能，一般由于手抖造成的缓慢模糊的问题都可以解决。虽然手机加入了防抖功能，可是效果仍然没有单反相机以及摄像机那么好。

那么，在选择拍摄设备的时候，若是需要用到防抖功能，就尽量不要选择只有电子防抖的设备了，因为电子防抖的效果都不如一般的卡片机，最好选择有五轴防抖功能或者有光学防抖功能的设备。

（4）不同设备之间在便携实用性上有所区别

单单从拍摄的时长来说，一部手机的电池所能支持拍摄的时长是远远不如专业的摄像机和相机的，但手机却是拍摄设备中最具便携性的。

虽然有一些口袋摄像机在便携性上比手机还要好，但是这类口袋摄像机的光圈会很小，采取的也是定焦，在实际使用过程中可能还比不上手机呢。

（5）不同设备之间像素有所差别

构成图片与影像最小最基本的单位就是像素了，一般来说，像素都是以每英寸也就是PPI为单位的，表示的是图像的分辨率大小。要是把一张图片或是影像放大来看，上面全都是一个个小方点，这些小方点就是像素了。拍摄器材的颜色越丰富，所需要的像素位数就越高，这样拍摄出来的画面也就越真实。

在许多手机、相机和摄像机等设备的配置说明上写明的像素信息，其实指的是这个设备所支持的有效范围里最大的分辨率。许多人单纯地认为拍摄设备的像素越高，画质也就会越好，实际上，这是一个误区。

现在就用手机和相机举个例子，视频拍摄的时候所截取的其实是中间的像素，比如采用2,000万像素或1,200万像素的相机一起进行视频拍摄时，1,200万像素的相机截取的是传感器六分之一的像素进行视频拍摄，而2,000万像素截取的则是十分之一，这样下来在感光性上就差了很多。

现在市面上的主流手机的像素都保持在1,200万像素左右，有部分手机的像素都已经达到了2,000万甚至更高，这样的手机已经能够满足大部分短视频团队的拍摄需求了。

相比之下，单反相机的像素大多还停留在1,500万上，那些有更多专业需求的短视频团队也可以选择2,000万以上像素的单反相机。拥有这样配置的单反相机，完全能够满足短视频团队的正常后期处理、剪辑以及包装等工作。

而许多摄像机的像素基本保持在300万左右，因为摄像机主要拍摄的还是动态的画面，所以要考虑的是画面的流畅程度，像素太高的话反而会导致视频在网络上播放的时候出现卡顿的现象。

当然，选择拍摄器材不要只把像素作为唯一的参考，应该结合许多功能综合考虑，最终才可以选择适合的拍摄器材。一般来说，现在市面上的手机、摄像机、单反相机的像素都是可以满足短视频团队的拍摄需求的。

（6）不同设备的手动功能有所区别

手机主要是被当作一种通信工具，而非专门的拍照或者录像的工具，所以它的手动拍摄功能非常有限，一般只有闪光灯、快门延时、手动定焦、放大缩小和滤镜选择这些简单的功能。

而摄像机和单反相机就恰恰相反，它们的手动功能非常多。在单反相机上，你可以看到非常多的功能按键，其中包括菜单功能键、照片浏览、照片回放、照片删除等基本功能，此外，还会有手动功能入转盘、快门按键、手动调节光圈，等等。

使用者可以根据不同的拍摄需要来任意切换功能，比如在晚上拍摄视频，可以把快门的速度从1/25秒改成1/6秒。那么感光度便会降低到800，从而让视频的画面变清晰。而摄像机就更不同了，它属于专业级别的高端拍摄器材，相比前面提到的那两样设备，它的手动功能更加丰富，手动功能最为齐全。

不管是光圈调节、镜头调节还是灯光调节，摄像机基本包含了单反相机和手机的所有手动功能，而且，不同品牌的摄像机之间，又会有各自特有的功能。换句话说，摄像机基本上可以满足短视频团队拍摄的所有需求。

3. 选择拍摄器材时需要考虑短视频的题材

短视频团队在器材的选择上虽然需要考虑到器材的功能以及资金问题，然而也还是需要配合短视频内容的需求来选择，所以短视频拍摄的题材也要考虑进来。

（1）题材是微电影或是情景剧

通常这些类型的短视频都是故事性较强的，所以在画面的表现和画面质量上有较高的要求，对拍摄器材的要求也自然而然要高许多。一般这类题材的短视频都需要拍摄较长的时间，因此在选择上更倾向于一些便携的拍摄设备。考虑到这些因素，可以大致把选择范围放在手机和单反相机之间。

像情景剧和微电影这种短视频，可能需要根据剧本内容切换许多不一样的场景，所以要配合不同的焦距和不同效果的镜头才可以突出主题。虽然手机使用起来非常轻便，但是由于拍摄功能相对单一，比较难适应这类题材的需求，因此不建议创作时使用。

所以许多团队在拍摄情景剧或是微电影时会倾向于选择单反相机，用单反相机拍摄出来的画面质量非常清晰，而且还能随意切换不同种类的变焦镜头，可以完美胜任这些题材的拍摄，较为常用的单反相机有佳能的5D3、80D或者是索尼的A6300等。

除了这些，单反相机之所以能成为许多团队的首选拍摄器材，是因为单反相机拍出来的素材可以方便团队进行简单的后期加工。

（2）题材是街头恶搞和直播类

这类短视频通常具备一个共同的特点，那就是呈现的是真实场景，不太需要切换各种各样的镜头，也不太需要刻意追求短视频的画面质量和美感。短视频的内容主要围绕的是主角的语言和行为举止，所以这种短视频对拍摄器材没有太高的要求，仅用手机就可以满足日常拍摄需要。

而且这种短视频不用经过复杂的后期制作，甚至一些短视频完全不需要二次处理，可以直接通过手机上传到网上，方便又快捷。

（3）拍摄的是采访和教学类的短视频

教学类的短视频，在拍摄之前应该先考虑拍摄的画面是否能直观形象地向观众进行展示，然后才是考虑画面质量。所以在拍摄器材的选择上，要优先考虑那些待机时间长、对焦能力强、控制方便、录音功能强的拍摄设备。

那么基于多方面的考虑，拍摄这类题材的短视频就需要选择那些功能较多的摄像机。如果团队的预算资金有限，那就选择功能较好的家用DV机。

对于那些资金充足的团队来说，便可以考虑那些高端的摄像机。

总而言之，短视频团队在选择拍摄器材之前，一定要根据自身实际情况，才能找到合适的设备，从而完善短视频初期的画面效果。

选择三脚架需要考虑的问题

不管是业余的摄影爱好者，还是专业的短视频拍摄技术人员，三脚架对于短视频的拍摄来说都是必不可少的。只要是喜欢拍摄短视频的团队，没有人不知道三脚架的主要作用是什么，那就是稳定摄像机，改善视频画面质量，从而更好地完成短视频的拍摄，最终吸引"粉丝"关注。但切勿盲目选择三脚架的类型，在那之前得先确定好短视频内容的方向。

拍摄短视频有很多内容方向可以选择，比如团队拍摄的内容主要为街拍，所需要的三脚架就一定要轻便，还不能是那种会引起周边人注意的，要可以尽快地进入拍摄状态，这类情形，就需要选择收缩体积小、重量轻的三脚架。而如果拍摄的对象是人物或是在影棚拍摄，那么就不需要过多地考虑三脚架的重量问题，第一要注意的就是稳定性。因此在选择三脚架之前，首先要做的就是确定好短视频团队内容创作的方向。

选择了短视频拍摄的大致内容方向以后，就要开始考虑什么样的三脚架最适合团队创作短视频的需求。

假如团队的拍摄器材是大型的摄像机，小型的三脚架就不要考虑了，那样会造成中心失衡的。而且三脚架的材质不要选择塑料的，它非常容易磨损，稳定性不好。还有，长焦镜头最好是选择那些云台系统完善的，而且可以快速安装，系统稳固的脚架。最后，三脚架可不是摆来看的，在选择的时候要考虑到自身的负重能力。

绝大多数喜爱摄影的人，都愿意在镜头上面投入巨大的成本，可是却不肯在三脚架上面多花1,000元，这是一种极其不理智的行为。诚然，三脚架并不是越贵越好，对一个创作短视频的团队来说，合适的三脚架才是最好的。那么在此可以根据团队初期能够对三脚架投入的成本预算，做一个简单的层次划分。

如果预算最多只能达到1,000元，最好选择铝合金材质的三脚架；如果预算最多可达3,000元，第一考虑碳纤维的，品牌就无所谓了；如果预算超过了4,000元，就直接考虑捷信吧。

除此之外，三脚架和云台的成本最好控制在团队所需拍摄器材成本的15%左右。在确定下短视频团队的创作方向，以及三脚架的成本预算之后，其他的就要从实际应用中出发，分析三脚架各部分的性能，选择一款最适合当下短视频团队创作的三脚架（如图4-1）。

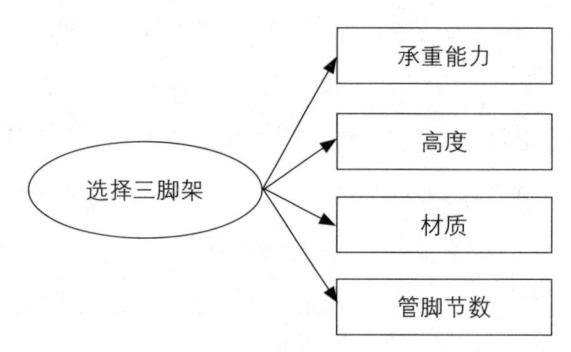

图4-1　选择三脚架所要考虑的问题

1. 承重能力

一般三脚架都会有一个最大承重指标，就是指承受了相应器材的重量后仍然可以保持稳定的一个最大数值。而通常我们在拍摄过程中不会让三脚架的承重超出所能负荷的60%。因为，承载重量每加重一分，不稳定的因素也就多了一分。所以在选购三脚架的时候，切记要选择那些能够承受住团队里最重拍摄器材的三脚架。

打个比方说，最重的拍摄器材的重量是2,000克，那么三脚架要选择那些承重范围大于2,000克的，最好要超出器材重量的两倍以上，不然一旦出现不稳定的情况，就会导致拍摄效果不佳。

选择三脚架承重能力时要考虑清楚，需要在三脚架上安置的器材通常包括镜头、云台、快装板和相机本体，这些设备的重量都是要计算进三脚架的承重范围里面的。

说起云台，它本质上也是起固定作用的，不过它是用来固定相机本体的。假如说三脚架所能承受的最大重量是3,000克，然而云台最大的承重量只有2,000克，那么它们组合在一起所能承受的最大重量就是2,000克。

还要注意的是，三脚架是需要承担云台本身的重量的，所以最终三脚架的最大承重量要大于云台。

为了能在短视频中呈现出更有质感的镜头，拍摄不同的内容往往会用到不同的镜头。那么根据镜头焦距来划分可以分为定焦镜头、长焦镜头、鱼眼镜头、广角镜头、标准镜头等多个种类。镜头的焦距越长，摄像师所能看到的视角就越窄，这样一来拍摄过程中出现一点抖动摄像师都会非常敏感，这样就更需要稳定性强的三脚架。如果团队采用的是200毫米的镜头，那么三脚架的管径也一定要大于这个数。

所以选择三脚架的时候，一定要把以上提到的器材都考虑在内，最后再选择适合承重能力的三脚架。

2. 高度

三脚架的高度可以分成最高高度、最低高度和不升中轴的高度。

其中，最高高度指的是三脚架所有关节都展开并将中轴提升到极限所能达到的高度。通常在拍摄视频的时候，三脚架支撑相机的位置达到与肩膀同高就可以了，所以选择三脚架时不用太在意最高高度。

而选择最低高度时就要注意了，最低高度最好不要超过40厘米，不然会对微距和低角度拍摄产生影响。而中轴的提升会直接影响三脚架的稳定性，所以选择三脚架时，中轴的提升高度要控制在30厘米以内。

3. 材质

三脚架根据不同材质可以划分为木质、合金材质、钢铁材质、高强塑料材质、碳纤维材质等多种类型，当下市面上最常见的就是钢制、铝合金制以及碳纤维制这三种，它们的材质在承重、价格和稳定性上面都是有差异的。

而三脚架最重要的一个因素就是稳定性，现在市场上最常见的这三种材质中，当属钢制的重量最重；铝合金材质的相对而言就比较轻，但是十分坚固；而碳纤维材质的三脚架是新式的，重量也是其中最轻的，而且比铝合金材质更有韧性。

所以在选择三脚架的时候，如果是追求便利和性能的，首选碳纤维材质，但是其价格也贵了许多。如果想要最高性价比的，那就选铝合金材质的。最后，如果是在相对固定的场合使用，也可以选择钢制材质的，价格实惠又稳定。

4. 管脚节数

绝大部分三脚架的管脚都是分节式的，而且每一个关节衔接的地方都是三脚架最脆弱的地方。现在市面上流行的三脚架多是四节和五节管脚。而随着节数的增加，最后一节的管脚直径会越来越小，从而导致三脚架的稳定性大大降低；可是相对的，节数越多也就意味着收起来越小，越方便携带。

社会在发展，科技在进步，三脚架在功能与材质上的发展已经走到极致了。现在很多三脚架的生产厂商都开始寻求创新，在功能上进行创新，比如下面这些新功能：

第一，采用低角度拍摄视频时，可以把纵向中轴转换为横向中轴，从而横置装置。

第二，部分厂家为了使三脚架变得更加便于携带，发明出了管脚的反向折叠功能，180°翻转折叠，可以让三脚架折叠长度更短。

第三，可以从三脚架上面拆下一个脚来，配合云台重新做成一个独立的脚架。虽然听起来像是买一个大三脚架送个小的，但这种可以拆分的三脚架的稳定性就不能保证了。

讲到这里，再告诉大家一些选择短视频拍摄设备所需三脚架的小技巧吧。

第一，碳纤维材质的三脚架，稳定又最方便携带。

第二，3D的云台，可以精准控制3个方向。

第三，有无拉杆连接的管脚，只要掰出角度就能适应不同场合的视频拍摄。

第四，拍摄时把三脚架管脚全部打开，架好相机后取景器与眼睛在同一水平线上最佳。

第五，螺旋锁紧的三脚架比扣式锁紧的三脚架更耐用。

在短视频的创作过程中，三脚架是不可或缺的器材，乃至可以直接影像短视频最终的质量。所以短视频创作团队在选择三脚架的时候，要根据团队的成本预算，选择一款最合适的三脚架，这样才能为短视频的创作带来更好的拍摄效果。

灯光照明设备的分类与应用

不同的灯光能为短视频带来不同的视觉效果。图4-2基本囊括了短视频拍摄常用的灯光照明设备。相对影视来说，这些设备要简单得多。

1. 灯具

要想表现出不同的光线效果，就需要不同的灯具，在拍摄短视频的时候，可以根据拍摄需求选择合适的灯具。

（1）冷光灯

采用冷光板作为光源的灯就是冷光灯。在工作的时候冷光灯几乎是不会

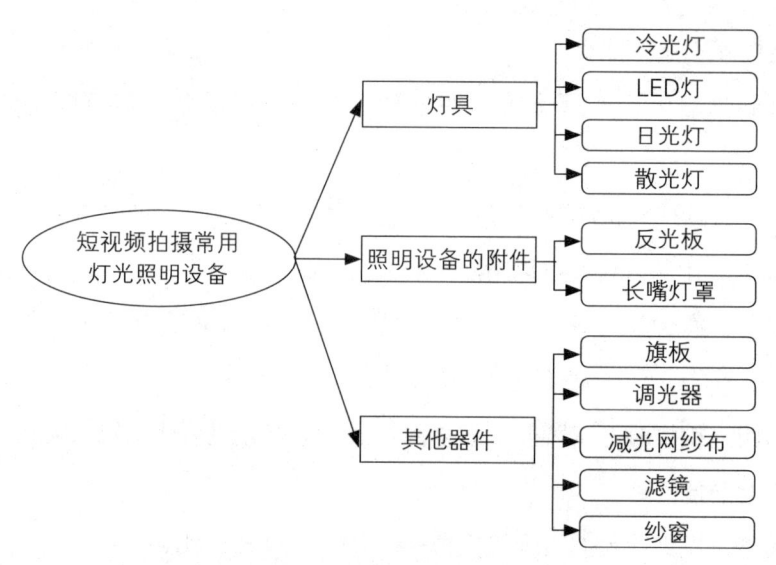

```
                                    ┌── 冷光灯
                          ┌── 灯具 ──┤── LED灯
                          │         ├── 日光灯
                          │         └── 散光灯
    短视频拍摄常用         │         ┌── 反光板
    灯光照明设备  ─────────┤── 照明设备的附件 ──┤
                          │                    └── 长嘴灯罩
                          │         ┌── 旗板
                          │         ├── 调光器
                          └── 其他器件 ──┼── 减光网纱布
                                    ├── 滤镜
                                    └── 纱窗
```

图4-2 短视频拍摄常用灯光照明设备

散发热量的,并且它的功率非常小,十分节能。除了这些,它还具有很强的方向性,并且光线较强,人们很容易通过这个灯光判断出光线的照射方向与范围。

冷光灯可以分为两种类型,一类是标准的冷光灯,不能调节光线的强弱,另外一种类就是可调光型,可以根据需要调节灯光的强弱。冷光灯通常被应用在会议室、工程建设、店面橱窗等地方。

冷光灯的另一个特点就是能淡化甚至消除阴影,所以比较适合作为背景光和人物轮廓光,可以减少被拍摄物体的阴影,使拍摄出来的短视频画面干净、清晰和自然。除了这些,冷光灯构造简单,使用起来不管是安装还是吊挂都很方便,非常适合短视频团队的拍摄。

但是要注意一点,有些冷光灯的光线非常强,假如把冷光灯当作主光源使用的话,就很难拍出完美的视觉效果,所以在选择冷光灯的时候要尽量选择可调光型的冷光灯。

（2）LED灯

LED灯的光源本质上是一块可以通电发光的半导体芯片,可以发出红黄蓝绿青橙紫白等颜色的光。这种设备的结构非常简单，抗震性也非常好，而且节能环保，所以在日常生活中应用得非常普遍。

LED灯在高速状态下也能够正常工作，工作寿命可以达到5,000小时以上，在照明设备中是十分耐用的。然而LED灯并不适合在视频创作中单独使用，主要原因是它的光线强度有限。不过，如果把LED灯和柔光扩散装置配合使用，那么它的光照范围可以得到改善，但是光的穿透性会相应地变弱。而且，LED灯对光的可控性相比冷光灯来讲又差了许多。不过LED灯也并非一无是处，它很适合近距离拍摄和创意照明，可以让视频的画面看起来更加丰富。

（3）日光灯

日光灯也被叫作荧光灯，关于日光灯的选择有很多，因为它的种类是多种多样的。日光灯在使用的过程中容易发热，一发热就容易吸引灰尘，久而久之光线的强度就会越变越弱。但是要注意，日光灯虽然价格非常便宜且光线也比较强，但是却无法调节灯光强度，所以并不适合用在视频的拍摄过程中。除了这些，日光灯的颜色也不够精准，在同时使用多个日光灯的情况下，会导致现场拍摄的光线无法平均，这会严重影响后期对视频进行的调色工作，所以拍摄视频不适合使用日光灯。

（4）散光灯

散光灯普遍应用在电影拍摄和演播室的拍摄中，这个类型的照明设备一般拥有比较大的照明范围，通常用于正面照射或是作为顶灯。散光类的照明设备还有三基色荧光灯、调焦柔光灯、12头灯以及气球灯，这些照明设备所发出的光线都非常均匀，非常适合用于视频的拍摄。

散光灯在使用的时候通常都是打在背景上，因为它的光是朝着四周均匀地照射的，能够照亮非常大的一片区域，但同时有一个问题，那就是散射的光线非常难控制。

根据上面对灯具类型的介绍，短视频团队可以从中挑选一样合适自己拍摄需求的灯具。对于那些刚刚成立的短视频团队来说，在拍摄初期的短视频可以不用去讲究那些灯光设备，简简单单把场地照亮，保证镜头画面里的光线都是平均的就行。但要是想拍摄出画面效果更好的短视频，就需要在灯光设备上面多投入一些资金，选购合适的照明设备。

2. 照明设备的附件

大部分时间里，拍摄短视频不是非得架起一盏灯，比如在拍摄外景时，只需要借用反光板这种道具，所呈现的光线效果就会很好。在拍摄视频的过程中，还有很多方法能够改变光的性质。

大多数摄影爱好者都知道，人在柔光的照射下会看上去更加协调，因此在人像拍摄中，可以利用柔光道具改变光线，制造合适的柔光效果。常见的柔光道具有柔光板和柔光箱等。

那么问题来了，在想要改变光线的方向时，需要用到哪些道具呢？

（1）反光板

反光板可以说是短视频拍摄过程中最常用到的照明设备附件了，反光板要根据不同的拍摄要求来使用，能够让短视频画面更加饱满，充分体现出镜头中人物和物体的质感与光感。而且用了反光板之后，可以更好地突出视频里的主体，让画面更具立体感。反光板可以分为两种，一种是硬反光板，一种是软反光板。硬反光板在拍摄过程中用得比较多，它的表面经过抛光处理，价格比较昂贵。现在市面上出现了用海绵板做成的反光板，价格比硬反光板便宜，是一个不错的替代品。

表面上有着许多不规则纹理的反光板就是软反光板，会在使用过程中起到漫反射的作用，让原有的光源变得柔和，但是并不适合用在拍摄人物上，它比较适合用在拍摄美食类的短视频上。反光板使用起来非常简单，只需把反光板放在光源的周围，接着对反光板进行角度的调节，就能控制光线的走向和范围。

（2）长嘴灯罩

长嘴灯罩就是一个黑色的罩子，是用来控制光线方向的必备工具。照明灯具在使用过程中，配合这些附件使用可以营造出各种不同的氛围，提高短视频画面的质量。总而言之，这些东西在拍摄过程中都是至关重要的。

3. 其他器件

短视频拍摄团队用于控制灯光的器件，有增光用的，也有减光用的；有的能够直接安装在灯具上使用，有的却不能。

（1）旗板

旗板是一种半透明的柔纱，往往是用各种纺织物材料制成的，具有漫反射的作用。根据大小的不同，形状的不同，旗板会发挥不同的作用。在视频拍摄过程中最常用的就是黑旗板。旗板最主要的作用是防止各个光源之间出现干扰，改变了光线的走向，从而减轻在拍摄过程中出现的散光对画面造成的影响。

（2）调光器

调光器的工作原理是通过改变输入照明设备的电流有效值从而完成对光线的调节。根据不同的光线控制方式和使用场合，调光器又可以分成许多种，常见的用来拍摄视频的调光器就是影视舞台调光器，这种调光器的功能齐全，调光性能也是最好的。

调光器实际上很常见，许多日光灯和LED灯都是出厂自带调光器的。调光器十分适合视频拍摄，用起来也非常简单方便。可需要注意的一点是，调光器主要针对的是钨丝灯的照明使用，而且钨丝灯变暗后，色温也会发生变化。

（3）减光网纱布

减光网纱布适用在室外的拍摄过程中，因为它在减弱光线的同时，不会直接影响到光线的柔和度。减光网纱布和柔光布在使用效果上是有本质区别的。

（4）滤镜

滤镜包括减光镜和灰镜，使用它们时不会像色片一样改变光原本的颜色，只是会改变光线的强弱而已。滤镜使用起来很简单，把它固定在光源前面就可以了。

（5）纱窗

纱窗在生活当中非常常见，它其实也是个非常好用的减光道具。它可以在不改变光线距离以及颜色的情况下，非常有效地改变光线的强度。

除了上面这些，短视频还可以根据创作需要，在拍摄过程中借助道具营造氛围，这时就需要使用增色道具来对光线进行色彩调节。而色片就是主要的增色工具，这是为了配合灯光所设计出来的，因此在使用途中不用担心色片会被灯具过高的温度所融化。要注意的一点是，色片所营造出来的视觉效果多是应用到背景上的，所以不适合用在主光源上。不过，如果团队想要在短视频中创造一点与众不同的视觉效果，色片也是个不错的选择。

还有投影遮光板，它可以非常好地营造画面效果。光源把光线照射在投影遮光板上，并不会减弱一定范围内的光源强度，可以起到精准调节大范围的光线的作用。

短视频团队在灯光设备的选择上，可以依据自身短视频内容的大致发展方向，选择最适合团队创作的照明设备。除了要考虑照明设备的性能外，还要考虑到设备的价格和使用寿命，因为照明设备的价格和使用寿命会直接影响到团队制作短视频的成本。

第五章

表现短视频拍摄场景的 5 大秘籍

> 每个短视频所表现的场景都是不同的，需要的场景不同，选择的光线设置和拍摄技巧也要有所差异。本章将就这一问题展开讨论。

▶ **内容变现：**如何赢在短视频直播时代

光线运用的3个技巧

为了在拍摄短视频的过程中更好地利用场地，在拍摄之前需要对拍摄光线做到心中有数。

在短视频拍摄过程中，光线的角度以及强度对画面呈现出来的意境有着很大的影响，这就要求拍摄者根据短视频所需要呈现的场景合画面，进行合理的布光，调节光线强度和色调，以营造出更好的拍摄环境。

短视频拍摄过程中，在光线的选择方面，有顺光、测光、逆光和顶光几种方式可供参考。

1. 顺光

顺光又叫正面光、平光。光线从被摄者正面照射，特点是被摄者全部受光，光线亮度高，影像平淡，色彩还原较好，但光比较平，很难表现出立体感。因此，其余3种类型的光线显得更具优势。

2. 侧光

侧光是短视频拍摄中最常使用的一种光线。它能使拍摄主体随着光线的明暗变化突出主体的空间感，显得更加高级立体。

3. 逆光

逆光照明则可以将视频中的背景画面与主体进行有效区分，使被拍物体的轮廓更加清晰，从而增加短视频画面的丰富性和活跃性。但在使用逆光照明手法时，应适当对阴影部分的亮度进行调整。

4. 顶光

顶光照明是许多美食类的短视频作者经常使用的光线手法。它是将光线直接从正上方打向被拍摄主体,这样拍摄主体就可以呈现出精致细腻的效果和美感。另外,美食类的短视频如果想使用柔和一点的光线进行拍摄,可以合理选择时间段。例如选择在早晨或下午拍摄,这样拍摄主体所呈现的画面感更加真实自然,也更温馨柔和。需要注意的是,应该尽量避开在正午阳光直射时进行拍摄。

由于很多短视频拍摄场景都在室内,因此合理地借助环境光显得尤为重要。例如,在教学或直播类短视频拍摄前,对室内的光源进行观察,充分利用室内的基础光线。如果想使画面达到柔和的效果,还需要避免光源直射。

4种不同天气的应对方案

在短视频的拍摄过程中,天气情况可以极大地影响短视频的拍摄效果和画面呈现。那么,应该如何针对不同的天气环境,对短视频进行合理的拍摄创作呢?

1. 晴天

晴天是极适合进行短视频拍摄的,画面会随着太阳的东升西落呈现出各种色彩变化。由于周围物体会对光线的反射产生不同的遮蔽作用,形成阴影,从而影响视频中物体的颜色变化,因此拍摄之前还要注意周围环境的影响,及时对相机功能进行调整,以达到预期的效果。

在晴天拍摄时,由于光线比较明显且随时发生变化,因此合理运用光线就显得十分重要。如果想使拍摄的物体看起来更加立体,在光线充足时采取逆光拍摄是首选方式。

2. 雨天

大多数短视频的拍摄都倾向于选择晴天，但实际上雨天拍摄也有自己独特的优势，它可以拍摄出别具韵味的环境和氛围。例如：雨天可以营造出一种朦胧唯美的感觉。

但是，雨天拍摄的确比晴天拍摄更有难度。在雨天拍摄的过程中，有一些技巧可以借鉴。例如：拍摄对象如果是掉落的雨滴，那么就要选择比较暗的背景色，同时选用逆光拍摄；结合一些自然场景，如从路边的积水中拍人或物的倒影；利用玻璃上的雨水勾画出朦胧的画面，等等。

在雨天拍摄时，除了要随时观察雨势，对拍摄工作进行调整外，在雨天进行构图时，还要尽量减少天空在镜头画面中的比例。可以利用暗色调前景进行遮挡，以免过大的亮度差为曝光增加难度。另外，由于雨天的光线反射，物体的反光能力会比较强，所以多视角拍摄的方式更有利于短视频效果的呈现。

3. 雪天

雪天有着更强的光线反射能力。因此，要根据雪天的光线情况，进行适时调整。雪天光线的反射能力更强，如果短视频创作团队忽视了这一点，明暗对比很容易超过感光片的宽容度，造成画面效果受损。此外，雪天拍摄时还要注意使用逆光拍摄，合理搭配反光板等设备进行补光，或者是通过滤镜吸收掉一部分光。

4. 雾天

雾天是一个相对来说不好把控的天气。雾是由大量的水分子聚集而成的，因此在拍摄短视频时，要注意不同光线的方向和反射影响下雾气呈现的效果。在这种天气条件下，采用侧逆光、逆光或是侧光的拍摄方式对突出雾的特点都有帮助。

雾天不仅可以拍摄出奇特的效果，还可以拍摄出干净、简约风格的画面。最常见的雾天取景方式是将景和物融为一体。为了画面的影调结构以及明暗对比，在雾天进行场景构图时要注意，在镜头画面中一定要出现暗色调的景物，这样可以使雾的视觉效果在视频中有更好的体现。

雾天拍摄短视频可以很好地展现出奇幻的画面效果，但也很容易使短视频画面缺少活力，降低对观众的吸引力。因此，建议在雾天拍摄的时候，选择一位比较有经验的摄像师，提前选好合适的场地和角度，例如选择高处或者观景台进行拍摄，以达到更好的效果。

室内室外拍摄的注意要点

短视频拍摄在场地的选择上分为室内和室外两种。

1. 室外

一般情况下，一些访谈、恶搞、情景剧等类型的短视频会选择在室外拍摄，背景通常以街景为主，或者选择在一些有代表性建筑的地方拍摄。

2. 室内

美食类、手工制作、脱口秀类的短视频会选择室内拍摄。在拍摄过程中，要处理好拍摄主体和背景的关系。如果以人为拍摄主体，那么室内环境应保持整洁，不应有过多的装饰物干扰观看者的注意力，造成喧宾夺主的感觉。

无论是选择室内还是室外拍摄，都要保证环境的安静，因为过多的嘈杂音会直接影响到短视频拍摄的质量。

在拍摄过程中，还应该注意一点，由于录制过程中人与摄像机距离过近，因此在视频后期处理时还需要做声音剪辑工作，如果在拍摄时能提前考虑到这一点，将为后期的剪辑工作减少很多负担。

如果是在室外场地进行拍摄，尤其需要处理好场外杂音，不要让外界的声音干扰到拍摄主体的声音。

为提高短视频的画面效果，短视频创作团队应该结合拍摄的内容，对场地进行合理的布置，对布景风格进行确定，以达到拍摄主体与整体氛围相融合的效果。

此外，在拍摄前还应该对拍摄场景进行设计，并对拍摄道具进行充足的准备。可以利用一些道具，结合现代时尚元素进行搭配，以提高画面的真实性和现代感。

布景的3个技巧

布景出现在戏剧的舞台上，起源于20世纪初期，例如《红灯记》中"门"的出现，就打破了传统的表演形式，使布景与人物之间形成了真实的互动。

随着社会科学技术的飞速发展，人们的生活水平和精神追求也越来越高。在欣赏新媒体视频内容时，人们不仅追求故事情节，也更加关注画面制作效果所带来的视觉体验。

布景主要是根据团队短视频创作的内容，结合空间和时间的概念，对人物之外的事物进行设计布景。

在对布景的平面图进行设计时，团队可以多层面考虑，把导演构思、灯光师和摄像师的意见融入设计之中，设计出几套不同的方案，再结合短视频内容，选择最适合的设计方案进行布景。

布景的主要特点就是场景具有可控性。好的布景可以为视频的创作增加感染力。

布景制作主要可以分为软景制作、硬景制作和电脑布景3种。

1. 软景制作

软景制作包括条屏软景、画天幕软景、绳幕软景和网幕软景等（如图5-1）。

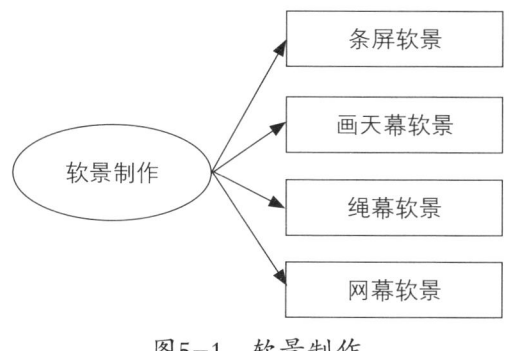

图5-1 软景制作

（1）条屏软景

条屏软景可以单独使用，也可以放在一起使用。它是在布和其他材料合成的条屏上，画上不同的景物，以呈现不同的场景画面。

（2）画天幕软景

画天幕一般用于描绘一些投影不容易表现出来的大场景，将布组合在天幕上。由于这种制作方式用料较多、费时费力，因此在短视频的拍摄中很少使用。

（3）绳幕软景

顾名思义，绳幕软景由绳子组合而成，画上符合视频主题内容的特定图案，通过在绳幕上投以不同的光线，从而形成独特的景观。

（4）网幕软景

通过由合股蜡线编织成的网幕系上线悬吊起来的方式，将裁剪成型的景反铺在地面与网幕，并用胶水进行固定。裁去网幕多余的部分，并将裁剪好的软景平铺在地面上。为最大限度地还原构图，必须注意将有画面的一面朝向地面，最后再将网幕拉开放在景片上。

2. 硬景制作

硬景制作与软景制作在材质上有很大的区别，硬景制作普遍选取白松、杉木等质地相对较轻的木材，然后根据团队拍摄视频的需求来决定木材使用的大小。

首先制作框架，需要将木材条按照布景的比例进行组合，并反复确认尺寸和外形的结构是否符合布景的制作需求。另外，如果涉及需要多块景片的组合场景，还需要考虑到每块景片之间的衔接问题。否则一旦衔接不当，将影响到整个场景的设置，无法产生预期的拍摄效果。

在硬景制作中，如果想让整体空间显得更加宽广，可以采取假透视的方式，这种方式是利用透视投影的重叠效果和人眼出现的错觉制造布景。

在利用假透视时要注意三点，一是这种方式只适合用在中景和后景；二是由于地面处于水平状态，因此将假透视的景片放在上边，可以保证景片的稳定性；三是为避免在拍摄过程中出现差错，因此在假透视制作过程中的比例和尺寸都要十分精准，以营造出画面的真实感。

如果拍摄过程中需要有人物进入，那么在制作景片时，如果所有物体按照实际尺寸进行制作，当画面切换为近景，就会呈现出失真的感觉。因此，最好的解决办法就是，在布景时多增加一些半立体景，以呈现出一个更加立体的空间效果，增加景片的真实度。

在半立体景和立体景的制作过程中，一般都是先装订骨架，然后对内部进行填充，最后进行涂色等细加工，从而达到以假乱真的效果。这个制作过程主要以实物外观为重点，在保证稳固的前提下，内部可以不必做过多的处理。

3. 电脑布景

随着科技的发展，电脑布景已经被普遍运用到短视频的制作当中。电脑布景的概念，就是通过一些技术手段用电脑绘制出虚拟的场景。电脑布景的方便之处是可以节约资源，对物体的设计进行随意修改，例如改变形状大小，或者进行添加和删除等。设计好的电脑场景还可以重复应用到不同的短视频中。

了解了这么多布景制作的方法之后，还需要结合实际把所学到的方法运用到短视频的布景中。以下就是布景所要掌握的基本原则：

第一，短视频布景的基本原则是，布景的设计必须围绕视频主题。人物在不同场景下的表现都要符合短视频的基调，而布景则决定着短视频拍摄的基调。

第二，短视频是以整体的形象呈现在观看者面前的，因此除了人物在内容方面的输出外，布景的重要性在于，它可以体现短视频制作团队的文化素养，增加短视频的内涵。目前各大新媒体的短视频都有着自己的风格特色，体现着各自的文化特点。

第三，短视频的格式布局是布景的重要组成部分，它可以很好地渲染短视频的氛围。它不是对生活的完全还原，而是在真实生活的基础上进行艺术加工。让"粉丝"们更直观地了解故事发生的时间以及背景，增加短视频内容的真实性，使观众更快地进入视频所呈现出的氛围里，因此格式布局对于短视频内容的烘托尤为重要。

第四，布景的设计需要从短视频的总体到细节，都做到风格完全统一。想要吸引更多的"粉丝"，让"粉丝"体会到短视频创作团队对内容的理解以及对技术的认可，必须做到对场景的细微之处进行精准的处理。

布景的好坏直接影响着短视频所营造的氛围以及感染力，因此，无论是传统布景还是电脑布景，在制作过程中都要耗费很多的时间和精力，也要求短视频创作团队的工作人员在整个过程中认真地处理每一个细节，增强短视频的感染力，吸引更多的"粉丝"。

使用定场镜头的2个要点

定场镜头，即短视频开始时的概括性镜头。定场镜头通过视野宽广的远景，极强的画面感和镜头感，向观众展现短视频拍摄的背景。定场镜头在情景剧中被广泛使用，对观众有较强的吸引力。

定场镜头的好坏，直接关系着短视频是否可以在一开始就抓住观众的眼球，因此在进行短视频定场镜头的拍摄时，内容的设计要经过深思熟虑。

定场镜头不仅可以用作短视频的开端，也可以放在结尾处。接下来叙述一下使用定场镜头需要注意的两点。

1. 拍摄手法

定场镜头是基本的镜头拍摄方式之一，适用于很多内容的拍摄。在短视频拍摄中，使用定场镜头不仅可以清楚地交代出短视频内容发生的地点、时代背景，而且可以增强镜头感和画面感，有利于吸引观众的注意。

定场镜头常见的拍摄手法包括以下几种（如图5-2）。

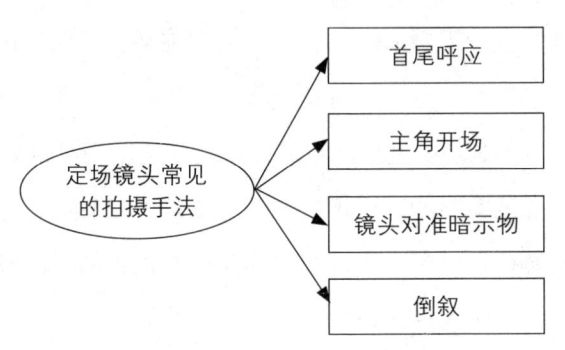

图5-2 定场镜头常见的拍摄手法

（1）首尾呼应

在短视频定场镜头的拍摄中，首尾呼应是经常使用的一种手法。影片结束时所描述的故事场景与开头画面一致，这可以引发观众对影片内容的深思，使整个视频内容更具完整性。

以早期影片《搜索者》为例，影片开始时是一名女子打开大门的镜头，影片结束时是主角走出大门的镜头，这就是一个典型的定场镜头首尾相互呼应，描绘出主角经过复仇之旅后的情感落差。如果将这种手法运用到短视频的拍摄过程中，会使整个剧情呈现得更加饱满和有深度。

（2）主角开场

如果想让故事一开场便迅速地拉近观众与短视频的距离，那么选择镜头对准主角，是现代剧惯用的开场手法，这样做可以让观众从一开始就与短视频的内容主线有直接的接触。通过对主角的刻画，有利于加强观众的代入感。如果短视频内容是以主角为主线，那么可以尝试使用这种手法。

（3）镜头对准暗示物

在很多悬疑类短视频的拍摄过程中，会通过在故事开场时不断展现不知名物体，使观众产生疑惑，促使观众带着强烈的好奇继续观看下去。

最典型的例子是《搏击俱乐部》，直到镜头的结尾才揭示这些镜头的含义，给观众恍然大悟的感受，使人印象深刻。

这是因为如果短视频在开场时，镜头是对准景色或是物体，就会激发观众对短视频所要展示的故事或是要表达的内容进行思考。这种开场手法十分特殊，它利用了人对未知事物的探求心理，在应用中往往会收获意想不到的结果。

（4）倒叙

像文学作品中常用的倒叙写法一样，很多短视频中的定场镜头都是在视频开始时采用倒叙的方式展开故事。

例如，将短视频故事中期的画面提取出来，作为定场镜头，然后将故事内容在此基础上进行拓展，继而通过前后故事对它进行补充。这种手法避免了观众因为剧情简单而感觉单调，同时丰富了短视频的内容，使内容增添了更多的立体时空感，从而引发观众的好奇，其中《盗梦空间》是较为典型的作品。

《盗梦空间》的开场镜头就是男主角被发现昏迷在海边，随后被带到盗梦对象的面前，然后才开始交代整个故事的来龙去脉，呈现故事的发展经过。观众通过故事情节的推进，慢慢揭开对定场镜头的疑惑。

倒叙的定场镜头可以增加感情刺激，激发观众的观影欲望，也适用于短视频的制作过程中。

2. 定场镜头拍摄技巧

短视频中使用定场镜头，可以提高观众对短视频内容的理解，在很大程度上可以增加短视频播放效果。

在很多短视频中都能看到定场镜头的使用，不一样的拍摄手法会带来不一样的效果。下面介绍几种类型的定场镜头拍摄技巧。

（1）常规拍摄

通常拍摄定场镜头都会采取从大环境出发，深入到小环境的模式。例如：以主人公的办公室作为场景，进行定场镜头的拍摄，首先给大楼一个远景，然后切入办公桌前，这样选取一个特定的大环境，然后再切换到具体的场景中，可直观地向观看者传递出主人公所处的环境、身份等各种因素。

（2）非常规拍摄

采用仰视的角度拍摄，是非常规拍摄和常规拍摄最大的区别。同样以办公室为例，先用仰视的角度拍摄办公室所在大楼的外观，然后由远及近地切入大楼里的办公室，最后拍摄主人公在办公室的场景。这种方式可以很好地呈现视觉上的空间感，既体现了位置信息，也告诉观众下一个场景就在大楼内。

（3）带入情节拍摄

就是在定场镜头中加入更多的人物表演。例如，在一条繁华的大街上，主人公行色匆匆地抱着文件，随后镜头切换到大厅，主人公冲进即将关门的电梯间。这样的镜头通过人物的表演，营造出了紧张的氛围，也同时也交代了故事的背景。在定场镜头中加入人物表演和故事情节，可以传递出一些重要的信息，更快地将观众引入短视频的场景中。

（4）建立地理概念

建立地理概念的主要目的，就是避免由于地理信息的缺失，而使观众不能准确理解短视频所要展现的故事背景。

有很多视频在定场镜头中就建立起地理概念，例如：电影《阿甘正传》的开场镜头，是一根随风飘扬的羽毛，在羽毛飘落的背景中交代了相应的地理位置，之后镜头随着羽毛的飘落渐渐切换到主人公身上。

在短视频拍摄的过程，不同的技巧拍摄出来的定场镜头往往有不同的效果，如果不想运用以上的拍摄技法，也可以适当地创新，但不要忽略定场镜头在整个视频所起到的作用。

定场镜头一般都选择大场面远景，画面感十足，有利于营造短视频的气氛和感情基调。另外，在短视频的开场使用定场镜头，可以很好地向观众传递故事发生的时间、地点、社会背景等元素，为短视频奠定基调。因此，对于短视频拍摄团队而言，掌握定场镜头的运用是非常重要的。

第六章

短视频构图的 4 大法则

拍摄短视频需要摄影师掌握一定的构图技巧，保证拍摄出的画面适合视频主题、情境等的要求，且符合大众的审美诉求。下面就来详细介绍短视频拍摄中经常用到的几种构图技巧及其应用场景。

中心构图，明确主体

什么是中心构图？将拍摄的主体放在摄像机的中心位置进行拍摄，就是中心构图。这种拍摄方法可以很好地突出拍摄主体，让人很容易发现拍摄的重点，从而将注意力集中在拍摄对象上，可以第一时间获取视频想要传达的信息。

中心构图视频拍摄法有个最大的优点，那就是能够突出主体，从而明确重点，可以使画面很容易达到左右平衡的效果。

中心构图法非常适合拍摄特写镜头，尤其是拍摄那种小景，需要选择相对饱满一些的主体。比如花朵形状的东西——包裹着的花瓣或是叶片，这些东西具有非常好的层次感，能产生一种内在的向心力和平衡力。

1. 适用中心构图法的情况

下面这4种情况比较合适使用中心构图法（如图6-1）。

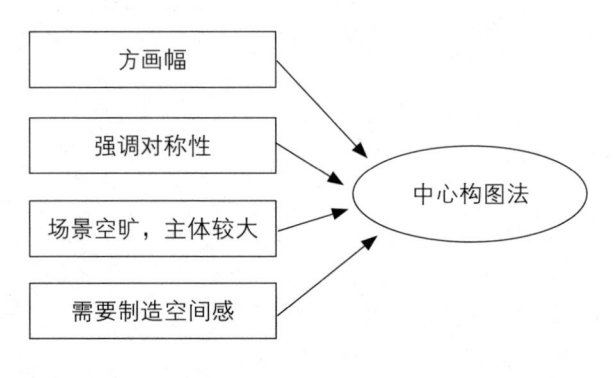

图6-1 中心构图法

（1）方画幅

当使用的是一比一的正方形画幅时，因为中心到画面四边的距离都是相等的，所以把主体放在中心点上更能引人注意。

（2）强调对称性

这种情况就只有中心构图能够体现视觉上的对称。

（3）场景空旷，主体较大

当背景大部分都是相对单一的纯色时，整个画面就会很"空"。这时如果主体占据的画面比例比较大的话，最好的办法就是将它放在画面的中间，否则会在某一侧形成一股"重量感"，导致画面失衡，观众看了会很不舒服的。

（4）需要制造空间感

当一个物体居中的时候，往往更能直观地展现它的大小，尤其是当它被包围在人、建筑物以及其他具有"空间标尺"作用的景物之中时。在拍摄都市风光时，尤其需要注意这一点。

2. 中心构图法需要注意的问题

使用中心构图法，需要注意以下几方面的问题（如图6-2）。

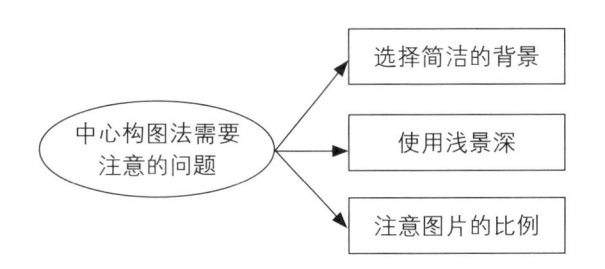

图6-2　中心构图法需要注意的问题

（1）选择简洁的背景

通常我们选择中心构图，就是为了突出画面里我们主要想表达的内容，所以在背景的选择上，我们需要避免过多无关的元素出现在背景上。

比如你要拍摄人像，却让模特站在一条人头攒动的街道上，还用中心构图法给模特拍全身照,这样拍出来的照片怎么能让人找到重点呢?因为这样的背景实在太乱了,很难让人一下把视线集中到模特身上。

(2)使用浅景深

在绝大部分的时候,拍摄短视频并不能找到特别合适的背景。不过,找不到那样的背景也不要紧,我们可以通过浅景深的背景虚化方式来突出拍摄的主体。其实,浅景深效果的照片就是我们平时说的用大光圈拍出来的照片,背景可以有很明显的虚化效果,主体却能够清晰而突出。

(3)注意图片的比例

为什么要注意图片比例呢?这里可以举个简单的例子:你要是用横的比例去拍摄一朵向日葵,这会在一定程度上让画面两边多出很多不必要的元素;但是如果你选择用竖的比例去拍,则可以突出向日葵在画面中的主体地位,让人一目了然。

三分线构图,平衡画面

三分线构图法指的是把画面横分成三份,在每一份的中心都可以放置上主体形态,这种构图法适合有着多形态平行焦点的主体,同时也可以表现大空间、小对象,还可以反向选择。这种画面构图方式,具有鲜明的表现力,构图简练,能够用于近景等不同景别的拍摄。

在三分线构图法中,摄影师要用两条竖线和两条横线将场景分割开,就像是写了一个中文的"井"字一样。这样可以从线段相交的地方得到4个交叉点,最后再把需要表现的主体放在4个交叉点中的一个就可以了。

通过取景器观察到的景物,可以在想象中把画面划分成三等份。把趣味中心和其他次要景物安排在线段的交叉点上。当然,规则是死的,要根据实际情况灵活运用，趣味中心也不是一定要正好在交叉点上，只要大致位置在那一带就可以了。

一般来讲，在画面右端的那些交叉点被认为是最强烈的；不过位于左边三分之一处的地方也可以用来安排趣味中心，这一切都要根据画面所需要的平衡结构来决定。

不管是横画幅还是竖画幅都可以用三分线构图法。遵循着三分线构图法来安排主体和客体，整张照片就会显得紧凑而有力。

三分线构图法大致需要注意以下几个方面的问题（如图6-3）。

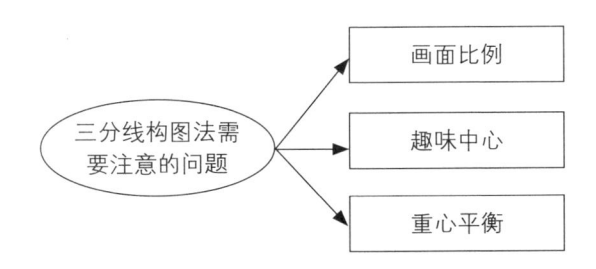

图6-3 三分线构图法需要注意的问题

1. 画面比例

这在风景拍摄上比较常见，通过把画面边缘区域比如海平面、地平线、山脊线和建筑立面等贴近三分线，从而优化画面内容比例，避免了平等对分的僵硬死板。

2. 趣味中心

通过把画面的趣味中心安排在三分线交叉点上，引导观看者的视线，符合观众的观赏习惯。

3. 重心平衡

如果画面中的主体不是单一的，则可以让两者分别放在不同的三分线交叉点上，从而平衡画面的重心。

前景构图，层次分明

什么是前景构图？就是利用距离镜头最近的物体进行遮挡，从而体现画面虚实远近关系的拍摄方式。

前景构图用得好，不但可以有效地突出视频主体，还可以为画面营造出纵深感，大大地提高短视频的视觉冲击力。

画面中加入了前景能够平衡画面的重心，着重表现出远近对比，拉伸纵向的空间，表现出较强的画面质感，丰富画面内容的同时，还可以起到烘托气氛的作用。

镜头从上往下靠近前景俯拍，用小光圈来表现可以让画面更加真实，画面可以形成递进关系，从而增加层次感。

要拍摄沙滩、岩石的时候，这样利用广角低角度地拍摄前景，能够突出沙石的质感。

拍人像时，可以通过选择焦距的方法，让镜头前面的景物完全虚化成一团具有色调的虚影，变成画面的点缀，用以突出人物主体。

1. 前景构图的分类

比较常见的几种前景形态有引导式前景、框架式前景、虚化式前景、介质式前景（如图6-4）。

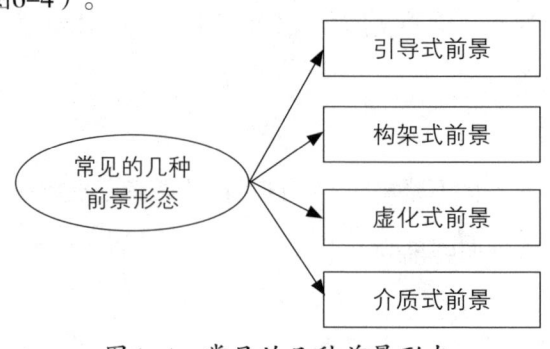

图6-4 常见的几种前景形态

（1）引导式前景

安排结构的时候，可以把具有引导视线作用的线条或者一些有指向性的动作作为前景，用以引导观赏者的视线从前景转到中景与后景，用陪体突出主体。若是把往中间汇聚的线条作为前景，就能将观赏者的视线引导到汇聚在中心的主体上面。

这样做不但可以突出主体，那种离镜头近的，拥有着丰富细节的前景事物，还可以让画面变得更加有立体感。常见的引导式前景包括墙壁、栏杆，以及路边石。

（2）框架式前景

从广义上讲，任何物体，只要能对主体形成遮挡作用，都可以被称为框架式前景。

在镜头画面里加入构成框架的前景景物，在发挥出框架式构图作用的同时，还能作为环境氛围的一种衬托，交代出当时的场景条件。

例如，用破碎的玻璃作为一种框架式前景，就会有一种旁观者的视角，这样拍出来的照片故事性和趣味性都更强。

而在人像摄影中，如果镜头靠近了框景元素拍摄，会在画面中形成大片大片的色块，这时可以在画面中加入很多梦幻的元素，比如花朵或光斑之类的。

（3）虚化式前景

在使用前景景物进行框架式构图时，通常需要对框架景物进行虚化处理，但是虚化前景却并不一定是为了起到框架式构图的"遮挡"作用。

在自然界中，可以借助花花草草作为天然的虚化式前景。

如果镜头的光圈足够大的话，也不一定要寻找花花草草，一件很普通的景物在完全虚化之后也会变得非常具有朦胧感。

（4）介质式前景

可以透过一些透明的物体进行拍摄，这种透明的物体就是介质式前景。

采用这种方式，客观上可以增加人物到镜头之间的有效距离。

玻璃就是常见的具有透明属性的介质，大光圈可以弱化玻璃的存在感，为画面提供整体的梦幻氛围。

在使用大光圈拍摄玻璃时，最大的一个问题就是会反光，这会影响到相机的自动对焦系统，导致找不到焦点，这时候就需要自己进行手动对焦。

2. 适用前景构图的情况

那么，在什么情况下使用前景构图是比较合适的呢？主要有下面这几种情况。

（1）使用的是广角镜头，在低角度拍摄时

面对自然风光，很多人往往都会选择采用广角镜头进行拍摄。而在广角镜头下，空间会被拉开来，因此前景就显得更为重要了。这时我们可以选择把石块、流水乃至地面的落叶当作前景。这样的前景可以起到延伸画面的作用，使画面更加具有纵深感。

广角镜头加上低角度拍摄，选择小路作为前景，可以使画面获得更好的纵深感。

（2）在拍摄中想要强调虚实对比时

因为空气中含有大量的灰尘和水汽，光线在穿过空气的时候会产生衰减，因此我们看到的画面往往都是近的比较实，远的比较虚，这就是所谓的空间透视衰弱。

那么在构图的时候，有意识地加入较实的前景和较虚的远景，可以起到增强画面层次感的作用。

3. 运用前景构图的注意事项

除此之外，在运用前景构图的方法时还有一些需要格外注意的事项。

首先，记住前景是用来烘托以及衬托主体的，是为主体服务的，不能喧宾夺主，遮挡我们看主体的视线。

其次，前景不可以抢了主体的风头。前景的表现力一定要弱于主体，要让人能够一眼看出主次，而不是找不到重点。

最后，要确保前景是符合整个画面主题的，要运用准确，构图唯美，既要与主体具有相关性，又要起到突出主体、烘托主体的作用。

只要能够巧妙地利用前景构图，就可以让短视频呈现出更好的画面效果。

圆形构图，规整唯美

圆形构图是什么？它是一种特殊的、带有适应性的边框，它在视觉艺术中得到了广泛的应用，它的构图形式是产生特定艺术效果的先决条件。圆形构图是在限定的边框画面里根据设计师意图来组织视觉语言、构建画面，从而形成一个人为的视觉空间。

1. 圆形构图法的分类

常见的圆形构图法主要可以分为3种。

（1）同心圆

同心圆像是将石头扔进湖水中形成的一圈圈涟漪。同心圆具有扩张的视觉引导作用，它的中心点显得格外引人注意。

（2）破绽圆

在一个完整圆形的圆周上，每一点的视觉引力都是均衡的。如果这时圆周上的某一处出现了突起或破损，视觉上的注意力便会马上集中到这里，形成一个新的视觉中心。就像一个圆盘的缺口，破损之处自然而然就会成为焦点。

（3）螺旋形

螺旋形是一种激烈地向心做旋转运动的状态，它会给人一种强烈的旋转感与动荡感。

一般来讲，靠近圆心的图像都会更容易成为视觉的中心。从知觉构造角度来讲，在视线和画面接触的时候，都是先沿着边缘滑动，然后再寻求画面的中心。圆心之上就是画面的几何中心，几何中心和画面的视觉中心并不是一种重叠的关系，二者事实上是分离的，恰恰是这种分离产生了视觉上的张力。

2. 圆形构图法的使用方法

圆形构图法有3种常用方法（如图6-5）。

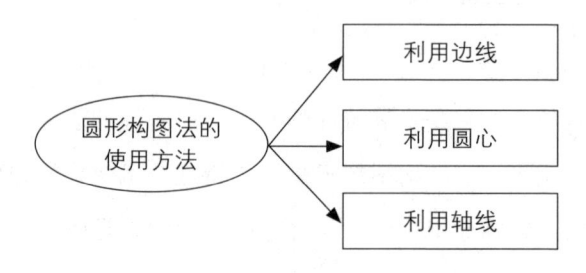

图6-5　圆形构图法的使用方法

（1）利用边线

因为圆形的边线是没有开头与结尾的，在形状上也没有方向性，整个圆形张力均匀，所以会给人以滚动、饱满、完整、柔和、团拢的感觉。

圆形构图不会突出任何一个方向，可以算得上最简单的一个视觉样式，这样的完美性往往会特别引人注目。

（2）利用圆心

当我们看到一个圆形时，会不自觉地产生一个想法，那就是寻找圆心。假如一个圆圈中间有两个点，那么靠近圆心的那个点会比较突出，因为画面的几何中心是位于圆心上的，它是影响人们知觉力场的一个重要因素。

（3）利用轴线

轴线构图指的是以圆形的中轴线为基准，在圆形中对主体事物进行布置构图。当视线范围内出现一个趣味点时，那么整个画面都将以这个趣味点为轴线，产生一股极强的向心力。

从功能的角度来说，圆形构图具备一种适应性，它规定了构成作品的视觉对象与范围，同时也把作品从其环境中分离了出来，从而形成一个突出的中心。

第七章

短视频后期制作的 5个事项

后期制作水平的高低，可以直接影响短视频的整体效果。前期拍摄再好，如果没有良好的后期制作，也无法呈现出优质的视频内容；反之，即使前期拍摄并不完美，只要后期制作得宜，一样可以成就一部优质的短视频。

后期制作必须学会的6种软件

目前，短视频行业常用的后期制作软件主要有以下6种（如图7-1）。

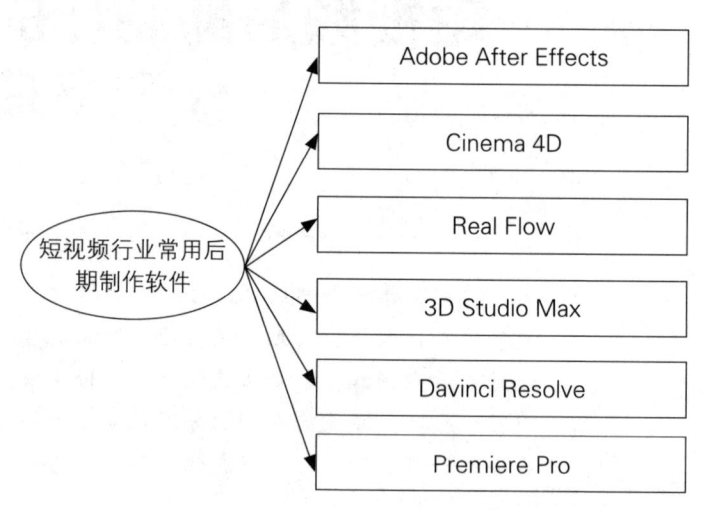

```
短视频行业常用后期制作软件
  ├── Adobe After Effects
  ├── Cinema 4D
  ├── Real Flow
  ├── 3D Studio Max
  ├── Davinci Resolve
  └── Premiere Pro
```

图7-1　短视频行业常用后期制作软件

1. Adobe After Effects

Adobe After Effects是Adobe公司推出的一款图形视频处理软件，简称"AE"。它属于层类型后期软件。适用于电视台、动画制作公司、个人后期制作工作室以及多媒体工作室等从事设计和视频特技工作的机构。

2. Cinema 4D

Cinema 4D，它的前身为Fast Ray，中文翻译为"4D电影"，它是由德国Max on Computer公司研发的，它具有极高的运算速度和强大的渲染插件，曾经被使用在《毁灭战士》《阿凡达》等电影当中，并在贸易展中荣获最佳产品的称号。

3. Real Flow

Real Flow是一款独立的模拟软件，它是由西班牙的Next Limit公司出品的流体动力学模拟软件。Real Flow提供给艺术家们一系列精心设计的工具，它可以计算真实世界中包括液体在内的物体的流动。如流体模拟（液体和气体）、网格生成器、带有约束的刚体动力学、弹性、控制流体行为的工作平台和波动、浮力。

4. 3D Studio Max

3D Studio Max是Discreet（后来由Autodesk合并）开发的基于PC系统的三维动画渲染和制作软件，通常被称为3D Max或3Ds MAX。它的前身是基于DOS操作系统的3D Studio系列软件。在Windows NT出现以前，工业级的CG制作被SGI图形工作站所垄断。

5. Davinci Resolve

Davinci Resolve将迄今最先进的调色工具和专业多轨道剪辑功能合二为一。Davinci Resolve因其有着可扩展的特性和分辨率无关性，因此适用空间十分广泛，无论是在现场、狭小工作室，还是在大型好莱坞都能适用。

6. Premiere Pro

由于Premiere Pro是一款易学、高效、精确的视频剪辑软件，可以提升创作者的创作能力及创作自由度，因此受到了视频编辑爱好者和专业人士的青睐。

处理声音的6项技术

短视频为观众提供了一种集合画面与声音的艺术表达形式，其中，声音在短视频中的作用，除了配合内容情节的发展之外，也是展现短视频主题的重要方式。本节将主要介绍如何对短视频中的声音进行处理。

在此之前，我们先对短视频中声音的构成进行简单了解（如图7-2）。

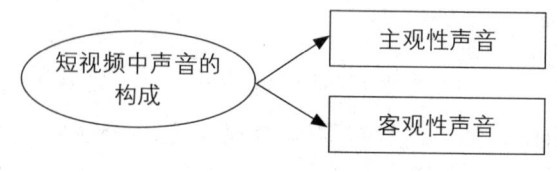

图7-2 短视频中声音的构成

1. 主观性声音

主观性声音是指在短视频后期制作过程中，将原本拍摄时不存在的声音添加到视频里面。为了使短视频更加符合实际生活，更容易得到观众的认可，因此创作团队在添加声音时，要使主体声音的出现频率最高。

2. 客观性声音

客观性声音是指短视频中存在的客观发声体，是在拍摄过程中原本就产生的声音。例如在短视频后期制作时，需要保留一些生活中人物的语言声音、汽车喇叭声，以及各种嘈杂的声音，以更好地还原人物生活的真实场景。

因此，如果在短视频制作过程中对客观性声音加以保留并合理运用，就会达到出人意料的精彩效果。

生活中还存在着一些特殊的客观性声音，如音响和解说词。

音响分为主观音响和客观音响。主观音响就是指在特殊的场景中，直观地反映人物的喜怒哀乐，为短视频的画面增添氛围。而客观音响的作用就是使短视频中现实生活部分更具真实性。

解说词大多是以充当旁白的形式，出现在记录性的短视频中，起到了解释说明的作用。解说词的作用有以下4点：将短视频的内容展现得更深层次化；使短视频具备更加全面的叙事能力；使每个画面之间的衔接更加流畅；使画面更加直观，让人感受到更真实的场景。

上述内容介绍了短视频中声音的构成，相信大家已经有了一定程度的了解和掌握。接下来，我们将重点介绍短视频后期剪辑对声音的处理形式。

第一，在短视频中，经常会存在同一画面中出现多种不同声音的情况，如果需要突出某一种声音，引起观众对该发声体的注意，那么就需要对不必要的声音进行减弱或消除处理。

第二，在短视频的创作过程中，如果需要多种声音一同出现，例如，表现街道繁华的人声和车喇叭声同时存在，以此突出强化特定的场景，那么就需要在处理声音时，对声音的主次进行适度的调节，强化最能表达短视频内容的声音，作为声音主旋律，弱化背景音。

第三，还可以在处理短视频声音时，对不同发声体的声音按照短视频内容的需求进行安排，让它们之间相互作用和相互衬托。

第四，如果想渲染场景的特定氛围，那么可以用同一声音对同一事物或动作进行渲染，对声音进行此起彼伏的处理。

第五，可以采用转换式声音交替的方式，也就是利用两个相似的声音和节奏，制造出从一种声音转化为两种声音的效果。这种处理方式可以充分发挥声音的感染力，利用声音让观众在潜意识中对环境的真实性感到认可。同时，这样的声音处理方式可以让听众产生一气呵成的听觉感受，不会造成声音断裂。

第六，制造无声和有声的效果，可以使节奏和情感上形成鲜明的对比。无声通常用于烘托人物的孤独、不安以及恐惧的情感氛围。这种强烈的对比可以使观众感受到情感上的强烈撞击，继而引发对时间、生命静止时的思考，就像是经历过暴风雨之后的寂静，让人产生一种更为深刻的情感体验。

但是，如果单独进行声音的处理，就会使短视频的整体失去节奏，不能给观众带去真实的感受。

只有使声音与画面相契合，才能使短视频的艺术效果更加明显。

在短视频的制作过程中，对声音的处理要像对待画面内容一样严谨和重视，对不恰当的地方要及时进行处理和修整。

还有一点需要强调的是，短视频中的声音需要具有统一性。虽然短视频中可以有多种声音同时出现，但也必须确定出来主要声音。因此，在处理声音时要特别注意，尽可能地避免主要声音的重叠，把重要的声音分开处理。

总而言之，在对短视频声音进行处理的过程中，对一种声音进行设置时，需要考虑该声音所表达的内容，将声音的背景列入考虑范围，避免声音的重复运用，以及无用的声音堆砌，发挥出声音和画面结合的最佳效果。

视频剪辑与优化的4个方法

短视频后期剪辑的好坏，决定它是否能将短视频的意义体现出来，也是导致短视频质量好坏的重要原因。

后期剪辑工作体现短视频的审美品位，制约着短视频的质量，有利于营造短视频风格，最终体现了短视频的思想。

完善的剪辑技巧，是创作优秀短视频作品的关键，可以对原本创作优良的视频起到画龙点睛的作用，达到很好的提升效果。

无论是自拍自演的短视频，还是剪辑的电影镜头，都有一套可行的剪辑理论，只有这样才能把短视频组成一个完整的成品。根据内容的不同，剪辑具有几个方面的作用（如图7-3）。

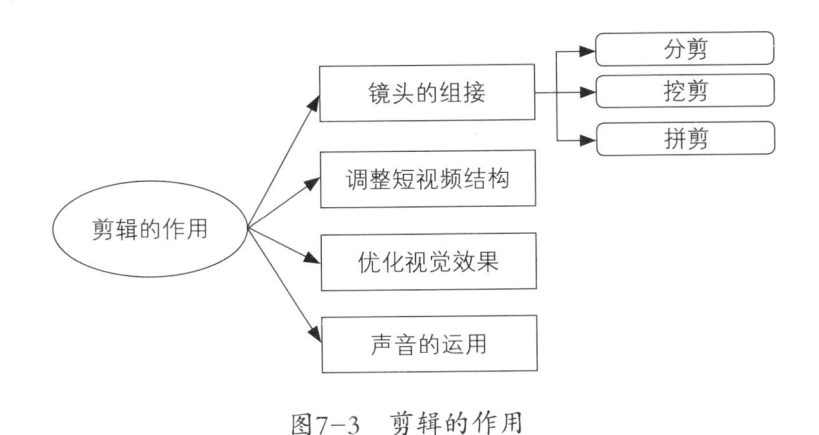

```
                        ┌→ 分剪
            ┌→ 镜头的组接 ├→ 挖剪
            │           └→ 拼剪
            ├→ 调整短视频结构
剪辑的作用 ─┤
            ├→ 优化视觉效果
            │
            └→ 声音的运用
```

图7-3 剪辑的作用

1. 镜头的组接

镜头组接就是以导演剧本为依据，对短视频中的单独画面按照导演剧本的逻辑和要求，进行筛选和去芜存菁的裁剪，最终形成一套有思路、有逻辑、有创意的连贯作品，达到最好的短视频效果。剪辑镜头的组接可以大致分为分剪、挖剪和拼剪三种类型。

（1）分剪

顾名思义，分剪就是将一个镜头剪辑成多个镜头来使用，利用镜头的相似性，将剪辑后的镜头分别用于视频中的不同位置，其优势是可以弥补素材缺少的问题，除此之外，在很多情况下，还能起到增强效果的作用。

将一个镜头分成多个镜头运用在视频中，在素材增多的情况下，可以制造出更多的情节，增强短视频的节奏感和紧张氛围，对视频中不合理的时空关系进行调整。但需要注意的一点是，无论是在短视频中还是在电影制作过程中，都应该避免在长时间内反复使用同一个镜头的现象，这样会对短视频的质量造成不好的影响。

（2）挖剪

挖剪的作用与分剪恰恰相反，挖剪主要用来抠掉无用的部分，对一个完整镜头中不足的地方，如停顿导致的空白或是多余的内容进行修整。挖剪手法一般只有在出现拍摄失误或者有特殊需求的情况下才会使用到，一般使用得很少。

挖剪的使用是为了剔除掉短视频中的瑕疵部分，使动作、人、物或者一些运动镜头更加具有连贯性，让观众始终处于一种合适的观看节奏当中。

（3）拼剪

拼剪是将相似的画面内容进行筛选，把可以使用的部分画面用特殊的手段进行拼接，以弥补画面的不足。以往只有在镜头太短或者不能重拍的情况下才会使用拼剪手法，但是随着短视频行业的发展，越来越多的短视频中都能看到拼剪手法的使用。

对于需要经过拼剪手法处理的视频而言，最好的操作方式是延长镜头的拍摄时间，使短视频中的人物情感得到升华。拼剪时选取镜头中比较突出的一部分进行加速或者延迟的处理，以此达到理想的剪辑效果。

2. 调整短视频结构

通过对短视频内容顺序进行裁剪、调整以及结构改动，使短视频结构更加完整。典型的方法是变格剪辑，即对画面素材中的动作进行变格处理，形成更加夸张的剧情效果，以满足视频中情节的特殊发展，形成对剧情动作的夸张和强调。

变格剪辑的使用对短视频最直接的影响就是改变了短视频的节奏。为了达到剪辑师对短视频内容的特别需求，在变格剪辑的使用上通常有两种方式，一种是为了改变视频中的某件事情发生到结束之间的时空距离，从而对视频画面进行延长或者缩短；另一种方式是删掉一部分拍摄客体的画面，从而达到突出主体的作用。

3. 优化视觉效果

视觉效果的设置包括衔接过渡和特殊视觉等，典型的动态文字效果有3D效果、抠图效果、滤镜效果等。在添加各种视觉效果时，一定要对各个视觉效果使用的节奏进行适度安排，避免整个短视频的画面过于死板，以增加视频画面的视觉冲击力。

除此之外，关于色彩的选择应用，在短视频制作剪辑的过程中也要多加注意。由于黄色在终端显示的时候往往让人感觉脏乱和阴暗，导致很多剪辑师在颜色选择上很少使用黄色，所以对于黄色的使用要谨慎考虑。

4. 声音的运用

通过对短视频素材的取舍、修整、组合和连接，结合使用与短视频风格相吻合的音效，可以烘托人物性格、增加戏剧效果、渲染环境氛围，制作出更具有感染力的短视频，满足观众的需求。

随着互联网的发展，短视频的传播变得更加快速便捷。为了更好地表达短视频所呈现的内容，除了需要提升内容与画面的质量外，还需要不断提升剪辑技术，才能更具体地呈现出短视频的主题思想。

视频剪辑必须注意的7大事项

在短视频剪辑中要注意以下事项，可以帮助创作者更好地使用剪辑技巧，凸显自己的视频风格（如图7-4）。

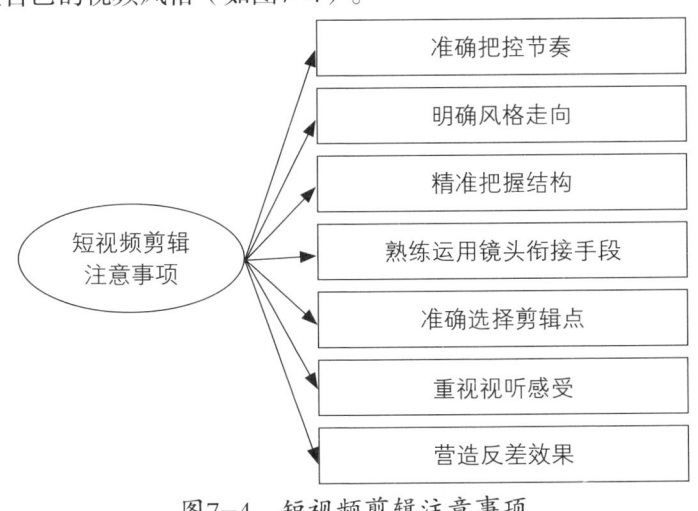

图7-4 短视频剪辑注意事项

1. 准确把控节奏

由于社会的高速发展，生活节奏的加快，人们都希望用最短时间获取最大的信息量。为此，就要求短视频的节奏不能平缓和拖沓，做到张弛有度。例如系列电影《哈利·波特》，故事一开始所营造的氛围较为平缓，随着剧情的深入，节奏慢慢变得紧张，之后又从紧张变得激烈。由慢到快的故事节奏，可以让观众有很强的带入感。在影片结束时，剧情又回归平缓，让观众对精彩内容的回顾有了缓冲的时间。这种对节奏的适度把控，是对人们观影心理状态的一种捕捉，目的是让观众更好地吸收内容。

影片节奏的把控有时甚至会影响整个视频最终的播放效果。因此，要想把短视频的剪辑工作做好，准确把控节奏是很关键的因素。一部影片通常分为内部节奏和外部节奏，内部节奏包括故事结构、内容情节、剧中人物情感的变化等，是穿插整部影片的主线；而外部节奏则是指后期剪辑师创造出来的韵律。

对于短视频而言，大部分题材都只考虑外部节奏，对于一些微电影、情景剧之类的短视频而言，会考虑到内部节奏。因此，剪辑师在节奏把控方面发挥着重要的作用。

2. 明确风格走向

确定好短视频整体的节奏基调之后，就能构建出整个视频的风格走向。摄影师在前期拍摄短视频过程中，总会想办法通过各种方式来靠近短视频摄像的风格。

因此，后期编辑首先要对短视频的整体风格加以规范和确定，形成完整的构思后，再对视频进行剪辑。剪辑必须建立在掌握编导创作目的、熟悉短视频的基础上，然后根据短视频的风格和形式，采用特定的剪辑手段。在短视频内容的风格得以确定后，短视频的整体风格就应该保持一致。

3. 精准把握结构

多彩的生活为多样化的结构提供了可能，短视频的剪辑结构要做到内容流畅、严谨、过渡自然，并且尽可能新颖。只有在结构上做到独特新颖、风格鲜明，才能够引起"粉丝"的兴趣。

4. 熟练运用镜头衔接手段

每个短视频在衔接上都会有空间或者时间上的转换，而转场剪辑的方式有动作转场剪辑、直接转场剪辑、音乐转场剪辑、特写转场剪辑、情绪转场剪辑、音效转场剪辑、对话转场剪辑和过渡特效转场剪辑，上面提到的转场剪辑方法中使用最多的就是直接转场。直接转场就是以转换时间、空间或情节的推进为手段，由上一部分直接转换到下一部分。

为了确保观众对内容的理解能力，在进行镜头衔接的时候，一定要符合逻辑关系，即要符合观众的思维逻辑和生活逻辑。同时，为了呈现出最好的效果，镜头衔接的方式要顺应视频内容情节的变化规律。

循序渐进是表现景色变化最常用的镜头衔接方法。在衔接过程中，逐渐缓慢地转换不同的镜头，使景色的变化更加流畅。常见的镜头衔接方法有动作衔接、队列衔接、黑白格衔接等。

采用镜头衔接要按照短视频作者的创造意图，从短视频的内容和需要出发，在不脱离实际的基础上，进行适当的创新。无论采用什么方式进行镜头衔接，都应该注意镜头组接的时长、节奏、色调的统一程度等问题。

5. 准确选择剪辑点

在确定剪辑点时，要注意短视频中人物的情绪以及人物声音的感染力。在视频剪辑中经常遇到的就是一些日常活动和动作，例如起坐、握手、走路和跑步。可以对这些画面进行剪裁，从而加快视频节奏。例如：当出现一个打开门的镜头后，接下来可以衔接门内的景象。

6. 重视视听感受

当剪辑到无声的视频片段时，要考虑到声音与视频结合之后的效果。

7. 营造反差效果

在剪辑时运用反差对比的方式，比在短视频中刻意强调，更能让网友印象深刻。例如，想突出视频中天气的恶劣，可以插入天气晴好的部分进行对比，形成强烈的反差。

动作镜头的组接，有动接动、静接静、动接静，以及静接动这几种形式。在剪辑时，以动作作为剪辑中心，一定要考虑画面的整体性，保持流畅性。为确保后期剪辑工作的顺利进行，主镜头一定要是时间较长的素材。

视频后期制作的5项原则

短视频的后期制作并不是一件容易的事情，有很多窍门需要制作人员掌握。下面我们就来介绍一下，短视频后期制作究竟有哪些需要注意的问题（如图7-5）。

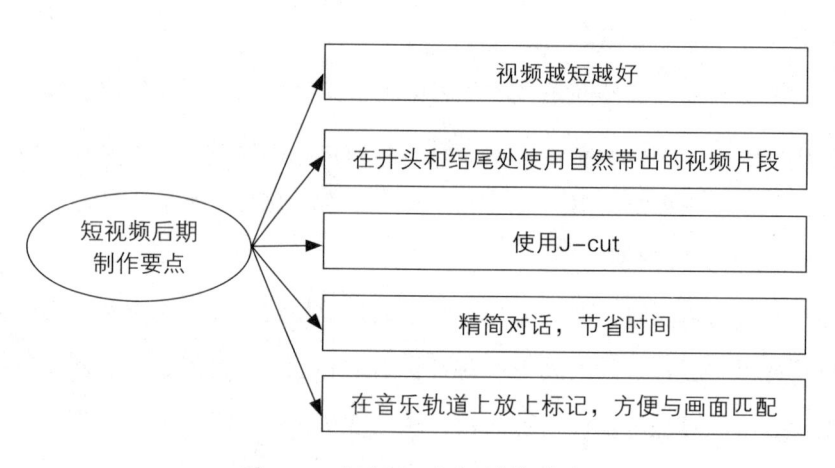

```
短视频后期制作要点
├── 视频越短越好
├── 在开头和结尾处使用自然带出的视频片段
├── 使用J-cut
├── 精简对话，节省时间
└── 在音乐轨道上放上标记，方便与画面匹配
```

图7-5 短视频后期制作要点

1. 视频越短越好

随着快资讯深入人们的生活当中，人们对注意力的维持时间已经越来越短。因此想要在媒体上和屏幕上争取到一席之地，必须制作出越来越简短的视频内容。

从另一个方面而言，并不是所有的事情都越快越好。适当地在视频里添加一小段"喘息的时间"，可以让视频内容更容易被接受，反而可以让观看者在视频上停留更长的时间。

这个概念叫作"喘息的时间"（Breathing Room）。例如：在采访过程当中，当两个采访话题之间进行转换时，加入一个3~5秒的喘息的时间，将音乐的音量增大，之后再降低音量进入下一个采访环节。

加入"喘息的时间"可以让观众在接收大量信息的过程当中，得到"喘息"的机会。一个小小的暂停空间可以方便人理解一个新想法。同时音乐的变化配合，让两个采访环节可以进行更加流畅的转换。

2. 在开头和结尾处使用自然带出的视频片段

剪辑师通常会在视频开场和结束部分使用交叉转场的方式，这些特定的剪辑手法可以提高观众的理解程度。

当你选择要开始或结束一个场景，可以看一下是否有一个视频片段，可以将观众的目光自然地引导到新的环节和主题上。如果一个片段的开端有简单的上移镜头或在结尾处移开镜头，便可以很顺畅地转换到下一个场景。

3. 使用J-cut

J-cut的概念源于字母J，由于J字母的下部比上部偏左，因此将这个概念用于后期剪辑过程中，是将一个视频片段的音频往左拖出一部分，从而让观众先听到声音，然后眼前才出现画面播放。

这个提前出现的声音，一般多出两到四秒便足够。这比较符合我们现实生活中先出现声音再看到画面的自然常识。

把这种常识利用到后期剪辑的过程中，可以使观众首先被出现的声音所吸引，进而将注意力凝聚在即将出现的画面当中。这种方法经常被用在恐怖类型的影片中。

4. 精简对话，节省时间

在一些很棒的视频中，经常因为一些不必要的采访语句如"嗯""这个"等不严谨的口语，影响人们在观看时的逻辑思考能力，使整个采访产生一种拖沓的感觉。

因此在后期处理的过程中，需要尽可能把这些长期沉默的片段、杂音，以及不必要的言论剪掉。这时使用非常短的音频转场是一个不错的选择。虽然剪切的过程会有些费时费力，但是当把这些不必要的言论或杂音剪切掉之后，可以使整个视屏看起来更加清爽，从而为观众节省更多的时间。

5. 在音乐轨道上放上标记，方便与画面匹配

大多数剪辑师在对音乐进行剪辑时，会将音频轨道的波形打开，方便将音乐的某个节点与画面匹配。除此之外，如果能在一开始便在音乐上进行标注，那么这些标注会出现在你的时间线上，通过这些标注与画面进行匹配，会使整项工作更加高效便捷。

第八章

短视频的 5 大营销途径

> 对于短视频营销来说，首先需要确定的就是其盈利模式。基于不同的盈利模式制作不同的视频内容，才能实现短视频营销利润最大化。

内容付费

需要付费观看的短视频，本质上就是为内容付费。能够让人们自愿掏腰包的内容，大致可以总结出三个特征：新奇、排他、实用。

说起付费内容的特征，许多人脑海里第一个冒出来的想法就是有用。不论人们一开始的目的是增加谈资、补充社交货币还是提升个人的知识技能，付费这个门槛都被认为是可以自动筛选优质内容，且还能节约注意力成本的。付费行为完成的那一刹那的满足感和充实感，成为当代社会普遍的精神支点，同时也是拉动商业运转的永动机。

除了有用以外，人们也会为独家的、排他的内容付费。具体说来，也就是版权。用户是会跟着内容走的，那些经历过版权争夺战的长视频平台以及音乐平台对此应该深有体会。

足够新奇的内容可以满足人们的好奇心，这样的需求是极其庞大的，但也不可避免地成为重点监管对象。现在的大趋势是短视频的内容逐渐规范化，这样的内容可不是平台赖以发展的主体内容。

有一个叫"看鉴"的短视频平台，它里面提供的短视频多是集中在历史、人文以及地理领域，和目前占据着短视频市场一大半江山的娱乐内容相比，它是绝对可以做到获取知识与增加谈资的。而且拥有央视纪录片背景的团队还给看鉴带来了一个巨大优势，那就是坐拥多达三千小时的优质历史地理文化纪录片的版权，其中甚至有《故宫》《河西走廊》《帝国的兴衰》

这种级别的纪录片。这种别人难以获得的重资产模式就是看鉴做内容收费的最大底气。

随着各大视频网站诞生了会员制度，主流音乐平台推出了数字专辑，网络上的人们也逐渐养成了为互联网上的优质内容付费的习惯，整个市场的欣赏程度都已经得到了显著提高。

在互联网上的音乐、音频、长视频以及移动阅读，从来就不缺乏那种新奇、排他或是有用的内容，那么为什么会有人愿意为短视频上的内容付费呢？

要解答这个问题，就要涉及媒介形态这一话题。在《娱乐至死》里，波兹曼说过一句话："媒介的形态偏好某些特殊内容，从而最终可以控制文化。"单就这个意义而言，媒介隐喻了其中的内容。

所以波兹曼喊出的"娱乐至死"就不再是针对电视里所展示的具有娱乐性的内容了，而现在所有的内容都以娱乐的方式呈现出来。

波兹曼那个时代的电视就相当于现在的互联网，由于互联网存在着许多不同的媒介形式，所以也就产生了对不同类型内容的偏好。

我们将目光拉回移动互联网时代，视频和音频的特点也是各不相同的。单从媒介的特性来讲，音频具有距离感和分寸感，它的特点是沉浸式、伴随性和碎片化。后面两点完美贴合了用户在缓解自我焦虑方面的需求，至于沉浸感则可以带来更加私密的个人体验。因此当前的付费音频内容主要集中在知识付费和情感交流两个领域里。

而视频呢，采取的是最具冲击力和最有吸引力的视觉内容，因为视觉上的满足是刚需。2022年9月，我国在线视频行业爱奇艺整体用户为7.4亿人，付费用户18.9亿人。腾讯视频整体用户为6.8亿人，付费用户19.3亿人。芒果TV整体用户为6.3亿人，付费用户16.3亿人。优酷视频整体用户为4.9亿人，付费用户13.7亿人。

音频和长视频付费模式运行得如火如荼，不过这两种内容形式并没有完全满足用户的需求。因为长视频动不动就需要观看半小时以上，无法实现内容上的空间并置，虽然音频不会跟其他成熟的平台抢夺用户注意力，可毕竟只能满足听觉，不够生动。于是更便捷而且内容信息承载量更为丰富的短视频逐渐变成了内容付费的重要组成部分，未来的发展潜力不容小觑。

对于为特定内容的产品付费的这种方式，在音频和短视频内容平台比较常见。而短视频则还处在探索的阶段。其实早在2016年，秒拍就想过要做内容付费功能，但许多业内人士都不看好，觉得秒拍上都是些娱乐化的内容，观众不太会为这些内容埋单，只会选择去看其他平台。于是这个计划就没再提起了。

当然，在内容付费上也有很成功的案例，比如新片场推出的《电影自习室》系列付费短视频，主要为初级电影爱好者设计，里面包含了影视方面的心得与技巧。《电影自习室》总共制作了16集，单价299元，光是预售就卖出去100多万元，短短两个月时间，一共卖出接近200万元。

虽然短视频的内容付费已经初见苗头，但是还不成熟，不能像直播打赏或者音频和长视频那样培养出付费的习惯。要想达到那种程度还得注意两点：一是保证能够不断输出高质量内容；二是要能解决用户的痛点，提高用户的复购率。

确实，对于短视频平台来讲，推出一两个成功的付费短视频产品并不难，最困难的地方在于能够长久且稳定地输出优质内容。

只有短视频中的精品才有未来，市场现在逐渐成熟，短视频的付费形式一定会发展得越来越完善。

订阅打赏

短视频内容变现的第二种方式是打赏订阅。预测在未来很长一段时间里，打赏订阅都会是短视频领域最为有效的盈利模式。

不过，在短视频行业里，只有那些自带超高人气和流量的团队才能成功地利用好打赏订阅的功能。

许多用户对打赏订阅这种模式应该都不陌生，这是短视频内容变现最直接有效的方式，也是检验每个短视频内容创作质量的关键标准。用户光是点赞、评论与转发还远远不够，只有他们肯为短视频内容打赏订阅，才说明他们对短视频内容是真的喜爱。

打赏这一功能的出现，让越来越多的用户开始愿意为自己所喜爱的短视频付费。在这样的发展趋势下，用户参与打赏活动的热情越来越高涨。要想通过打赏变现，创作者需要注意以下四个方面。

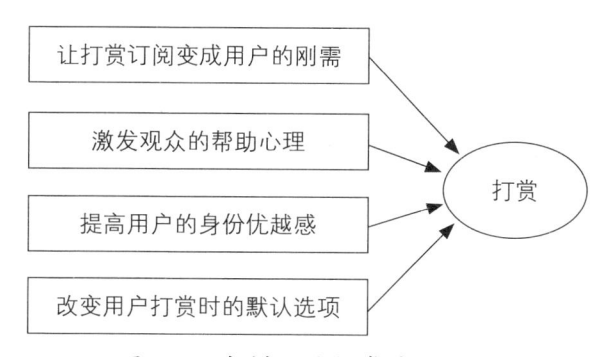

图8-1 怎样通过打赏获取利益

1. 让打赏订阅变成用户的刚需

我们可以观察直播行业，发现主播们生产内容最大的动力就在于直播间"粉丝"和观众赠送的礼物。所以为了能够获得更多的礼物，主播们纷纷大显神通，使出浑身解数让观众满意，从而自愿给主播刷礼物。

因为刷礼物是直播变现的常态,所以当用户使用任何一款直播软件时,都不会排斥这种打赏的方式。

直播打赏已经成为观众观看直播的一种习惯。而在短视频行业里,用户对于打赏订阅这种模式还是非常陌生的。

短视频和直播不同,在播放时不能和观众直接互动,所以用户对短视频内容的反馈不会实时地反映出来。于是,在不能为用户的观赏体验带来提升的情况下,打赏不打赏,订阅不订阅,就显得无足轻重了。

而且短视频的观众根本不会意识到,打赏与订阅对一个短视频团队来说有多么重要。所以在创作短视频的内容时,就要想办法让观众看到短视频团队对打赏的需求,只有这样才可以让观众认可、接受并自觉采取打赏短视频的行为。

不要单纯地想用"做出优质内容"的方式去打动观众,寄希望于他们的自觉主动打赏。要知道,观众是被动的,想获得打赏就在短视频里直接说明。当然,具体怎样求打赏还要看短视频团队能编排怎样的话术,这些可以根据短视频内容的风格、定位和主题来进行思考。

2. 激发观众的帮助心理

要想通过打赏订阅的模式进行变现,短视频团队可以参考直播的那种模式。大部分的网络主播在直播的过程中都会想尽办法让观众给他们刷礼物,比如他们会直接在直播的过程中对观众讲出自己的需求,请观众帮助才能完成,通过这样的方法来博取同情,从而激起观众的帮助心理。

要让观众知道短视频团队需要他们的帮助,将打赏订阅行为变为帮助性的活动,为此,就要让观众知道只有他们打赏订阅了,团队才有动力创作出更多优质的内容。如果观众意识到这一点,就会更加愿意进行打赏和订阅。

打赏订阅还是一个持续的过程,要能够让观众看到他们打赏后的反馈效果,这样有利于增加日后的打赏次数。观众的主动打赏,也可以说是短视频创作者之间的一种互动形式,只有两者之间形成一种微妙的良性循环,才能达到产销平衡的作用。

3. 提高用户的身份优越感

只要是看过直播的人都知道，当主播接收到直播间观众打赏的时候，会在直播的过程中采取不同的方式表达谢意。

所以短视频团队要想通过打赏订阅的方式获得变现，也可以学习直播的这一模式。但是，对于不能及时打赏订阅的用户，要怎么做呢？可以设置一种专门的等级制度或是会员制度，让打赏金额越高的用户获取更高的等级，以此来提升用户的优越感。

4. 改变用户打赏时的默认选项

单从打赏订阅来说，给用户两个选择，一个打赏一个不打赏，往往效果都不太理想。可要是让用户从打赏五元和打赏十元之间做出选择，很容易就让用户不由自主地打赏订阅，激起了他们的主动性。通过改变用户打赏时的默认选项，即便不改变任何其他内容，也能收获一定的效果。

然后经过长期的引导与熏陶，让用户打赏成为一种常态，当他们形成这种习惯后，打赏与订阅就变得更加容易了。

打赏变现的这种方式在短视频行业里，并不是最常用的一种模式。打赏订阅变现有个大前提，那就是短视频团队自身得先积累起大量的"粉丝"和人气。

渠道分成

当下的短视频行业发展势头正旺，各大渠道平台在短视频行业推出的扶持计划无疑又为这个行业添了一把火。对于许多短视频创作团队来讲，这是一个非常大的福利。其中来自渠道的分成，也成为短视频团队创业初期的重要收入来源。

渠道的分成对于一个短视频创作团队而言是他们初期最直接的收入来源。所以在运营过程中最关键的问题就是对渠道的选择以及思考怎样获取最大的分成利益。当下常见的短视频渠道分成平台有美拍、今日头条、哔哩哔哩等。

这些平台可以分为推荐渠道、"粉丝"渠道、视频渠道，每种类型的渠道都是会产生不同的平台分成方式。

推荐渠道就是通过这个渠道发布的短视频，它们能够获得的短视频播放量，主要是与系统的推荐挂钩的，不会受到过多的人为因素的影响。其中推荐渠道中当属今日头条最为典型。

视频渠道中的短视频和推荐渠道的有所不同，它们主要是通过用户搜索以及平台编辑推荐来获取播放量的，例如搜狐视频。只要拥有了好的推荐位置，那么在视频渠道里就可以获得更高的播放量，渠道产生的收益分成自然不会少。

还有就是"粉丝"渠道，"粉丝"的作用在这个渠道里可以发挥到极致。能对短视频播放量产生最直接影响的就是"粉丝"数量了，其中美拍就是"粉丝"渠道的典型平台。不过值得注意的是，"粉丝"渠道也会存在编辑推荐的方式。

短视频团队面对众多的短视频渠道平台，一定要先进行详细的规划分析才可以着手选择。对于一个短视频团队来说，平台分成虽然很重要，但首先要考虑的是用户、"粉丝"，以及短视频品牌形象的发展。每个短视频团队所创作的内容和类型各不相同，所以在不同的平台上也会产生不同的播放效果。

所以要选择好适合自身的渠道投放短视频，才可以收获想要的效果，从而获取平台的分成。短视频团队在选择渠道平台的时候可以这样做（如图8-2）。

第八章 短视频的5大营销途径

```
短视频团队如何    →  要选择好首发的平台
选择渠道平台      →  尽可能多地选择发布平台
                  →  尽最大可能去争取视频平台的推荐位
```

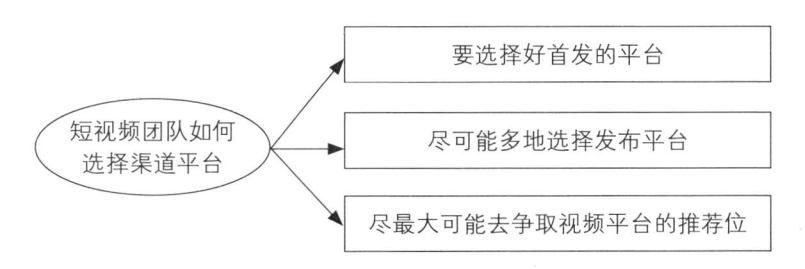

图8-2 短视频团队如何选择渠道平台

1. 要选择好首发的平台

就比如今日头条，它采用的是系统推荐的机制。人工智能系统会根据用户的观赏习惯对用户进行投放，可以帮助短视频团队精准快速地找到短视频的目标受众，而且还可以帮助团队测试一下创作的短视频内容是否能受到观众青睐。

而那些采取渠道分成机制的平台，如腾讯视频、搜狐视频、爱奇艺视频等，它们多数是采用人工推荐机制的，但同时因为平台上好的推荐位置都被买来的各大卫视的影视剧和综艺节目长期占据着，所以能留给短视频的推荐位是非常少的。

经过这么一对比，是不是觉得今日头条对短视频的精确投放对许多处在短视频创业初期的团队来说，具有极大的吸引力呢？因为今日头条就是通过查看数据然后分析来自用户的反馈，从而找到最适合用户的短视频内容。

除了有着非常好的推荐机制以外，今日头条还具有足够多的用户，这为短视频团队获取更多的播放量以及平台分成奠定了良好的基础。

而且，短视频在头条上出现了错误会被及时发现，然后即刻优化之后还能发布到其他平台上去。

所以，今日头条对于许多创业初期的短视频团队来说，最大的优势就在于冷启动，即便一开始没有"粉丝"也大可不必担心。同样的一个短视频，在头条上可以取得较高的播放量时，发布到其他平台上也不会差到哪儿去。不过别以为可以一劳永逸，还是需要团队付出时间和精力去用心运营的，这样在头条才能获取更大的增长空间。

2. 尽可能多地选择发布平台

分成是短视频团队创业初期最直接的收益来源，所以理所应当的，只要是有分成的平台，团队都要把短视频发布上去。发布的平台越多，获取的分成收益就越多。当然，如果想获得这些分成，还是需要团队掌握一些运营技巧的。

不同的渠道平台都有着不同的特点以及不同的视频呈现方式，所以我们就需要根据不同平台的要求，相应地调整视频的封面、标题、简介和标签等内容的设计，这些因素最终都会影响到短视频在不同平台上的播放量和分成收益。

至于怎样运营好短视频的每一个环节，在这里就不予赘述了。只要记住一点，分成对于创业初期的短视频团队来说是非常重要的，但这一切都得建立在拥有优质内容的基础上。

3. 尽最大可能去争取视频平台的推荐位

正如前面所说的，腾讯、搜狐、爱奇艺等平台主界面都被购买来的各种地方卫视的电视剧、电影、综艺节目等长期占据，短视频是很难在这些视频平台争取到好的资源位的。但如果短视频团队能够通过优质的内容争取到这些视频平台的推荐位，视频的流量就有了极大的保证。

最后我们要知道，渠道分成构成了短视频团队最初的经济收入，短视频团队要找到自己的定位，确定好自己的发展方向，找寻适合自身发展的平台，最终才能使短视频营销收益最大化。

广告植入

短视频领域，除了大量资金的支持和海量的内容生产，还需要大量的用户和流量给短视频的商业变现提供最强有力的保障。

短视频通过快速简洁的播放形式与创意内容相结合，使内容生产的价值发挥到了最大，同时也让品牌广告的植入贴合得更加自然。

短视频要想实现流量变现，最重要的一个途径就是商业广告。别看短视频行业现在异常火爆，它存在的一个最大问题就是流量变现。

虽说商业广告是当下许多短视频大号最主要的变现方式，但有一个前提条件，那就是这一切都建立在拥有了大规模流量的基础上。

许多品牌大厂都知道，现在的传统广告很难覆盖到新一代年轻人了，短视频成了新的推广形式。短视频先通过创作内容吸引大批流量，再为商业广告引流，这就是变现的基本逻辑。

而短视频广告最常用的两种变现方法就是贴片冠名以及软性植入。其中，贴片冠名是很早以前就盛行的一种形式，这种方法就是把品牌名或是产品名作为短视频栏目的名称，通过在片头进行标注、结尾使用字幕鸣谢、视频中人物口播等形式进行宣传。

要说广告冠名，很多人应该知道2016年Papi酱的首支广告拍卖出了2,200万的价格，其中在《Papi酱的周一放松——奥运跟我涨姿势》中，就首次采取了开篇广告的形式。

那次的视频是由美即面膜冠名播出的，品牌主的产品在那期短视频中出现不超过10秒，同时配合Papi酱五秒的口播，这种就是最为典型的贴片冠名的形式。

贴片冠名的特点就是执行起来速度极快，覆盖的用户极广。而相比起来，软性植入就来得隐蔽了许多，具有"润物细无声"的效果。软性植入在广告植入方式之中是处于最高境界的。这种植入方式非常注重与短视频内容之间的贴合，目的就是把观众心理产生的厌烦感降到最低。

举个例子，魔力美食每天都会发布一条关于美食制作的视频，同时"RIO鸡尾酒""大虾来了"等多个美食品牌都与魔力美食有合作。而魔力美食作为一个美食类的短视频节目，大多采用软性植入的广告方式，把产品具有的属性和短视频的内容结合起来，使它们达到一定的契合度，把广告产品包装成为节目内容，非常受用户的喜爱。

比如，它在给RIO鸡尾酒做广告的时候，就会采取这样的形式：在短视频的画面里经常会出现RIO的品牌标志，而且有的食材的做法还会用到RIO鸡尾酒做原料。

将商业广告和短视频相结合，是一种高效的变现手段。不过，这也给短视频制作提出了更高的要求。

1. 要制作出优质的内容

广告主们之所以会选择通过短视频来投放广告，就是希望高效率地利用短视频，来达到近距离接触产品受众，获得较高转化率的目的。现在的短视频行业虽然产量高，但是同质化非常严重，渐渐显露出了供需不平衡的行业现象。

在这个阶段，短视频市场里没有足够多的优质内容可以满足广告商的需求，所以制作出优质的内容且能保证质量不下降是目前最大的挑战。

2. 要使广告和短视频内容高度契合

根据资料统计结果显示，许多用户不会在广告上停留超过10秒钟的时间，不过传统的媒体广告形式不用担心这个问题，在广告的投放和选择上可以随意一点。短视频的广告做到时间短、内容短就可以了。

根据用户的反映看来，最好的广告方式是软性植入。所以，如果要通过商业广告实现变现，就应该尽量避免没有内容的纯广告和硬性植入的广告。

从外在表现上看，强加在短视频片头或者片尾的贴片冠名广告，会在很大程度上直接影响到用户的观看体验。从内在效果上看，贴片冠名的广告和短视频的内容、情境融入没有任何关系，很容易影响到短视频的流量。所以将广告更加内容化，增加其与短视频的关联性，最好的选择就是软性植入了。

比如美食类的短视频新媒体，会选择他们的广告商大部分都是跟美食有关的。两者需要存在共同点才可以融合在一起，这就是软性植入的特点——把品牌与短视频内容结合起来，在用户观看的时候起到"润物细无声"的效果。

不过，要是想让广告做得更加自然，还不会影响到用户的观看体验，就需要根据自身的短视频内容来选择广告类型，这在很大程度上限制了品牌主们的选择。而且短视频团队还得考虑，选择怎样的方式来投入广告，才能够不影响观众的观看体验。

3. 不要直接拿广告做短视频的选题

除了要把广告做到和短视频内容相契合以外，通过广告变现的时候还要注意，不能直接根据广告商的产品做视频的选题。在策划的时候，需要和商家共同讨论选题和策划的事宜。要保证同时满足广告商对于品牌宣传的需求以及自身短视频新媒体的用户需求。不能由于需要加入广告而忽视了自己栏目的定位，要尽可能根据自身短视频的内容定位去找到广告植入的切入点。

因为对众多短视频团队而言，内容是根基，即使是广告植入，其核心也是在做内容。不能因为广告的植入改变了短视频的风格，转变了内容的方向。所以，短视频团队要根据短视频的定位和用户群特征去创作内容，这点至关重要。

4. 要认识到用户决定着商业价值

要知道，短视频新媒体中，"粉丝"才是最终的目标群，不要仅仅去满足商业广告对应的目标用户的需求，而忽视了自身栏目定位的"粉丝"用户的需求。

如果团队的短视频内容满足不了自身的用户群，最直接的后果就是播放量下降，然后参与进来的广告品牌无法获得理想的宣传效果。所以短视频要想通过商业广告进行流量变现，最重要的是从目标用户的定位角度出发，选取适合的主题和广告植入方式。

通过商业广告进行流量变现是短视频行业里最为常见的变现方式。不过变现的方式越来越多样化，许多短视频也不再选择通过广告变现了，还有更加超前、有效、直接的变现方式，可广告变现仍然在众多流量变现方式之中占有很高地位。

电商合作

目前，与电商结合的变现方式正在渐渐成为短视频行业里最直接有效、收益最高的变现方式。

谈到内容电商，大多数人都是一头雾水：内容电商是什么？

内容电商和传统电商最大的区别就是，它具备2个关键因素：内容和交易。

在互联网上搭建一个店铺，然后通过各种渠道将流量引入店铺中，最终促成交易，这是传统电商的套路。

内容电商则大不相同，它不需要从其他地方引入流量。比如短视频跨境电商，它流量的来源直接依靠的是短视频原有的"粉丝"积累。

传统电商的模式，是通过价格竞争或是单品竞争等方式来进行交易的。内容电商之所以能促成交易，是建立在许多用户本身就对内容具有一定的价值认同基础上的。

现在的时代早已经从图文信息消费的时代，过渡到了短视频消费的时代。所以同样在内容电商的领域里，也发生着巨大的变革。传统电商平台依赖图文宣传推广的模式来获取流量和转化率，早就进入了瓶颈期。而依托短视频的营销模式，开始在电商领域逐渐兴起。

比如说，做美食类短视频的"小羽私厨"就会涉足电商领域，短视频内容在教授用户制作一些美食的过程中，会推荐一些有价值的产品，比如酸奶机、棉花糖机等一系列产品。对于观看这个栏目的女性目标用户而言，这样的内容是很容易激起她们的购买欲望的。用户可以直接到他们的网店里购买视频中提到的各种厨房用具。

概括来说，内容电商依托短视频变现，有3个问题需要有效解决（如图8-3）。

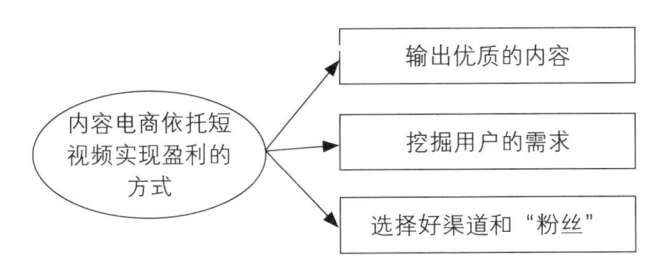

图8-3　内容电商依托短视频实现盈利的方式

1. 输出优质的内容

内容电商最重要的核心就是内容，用户选择了什么内容就相当于选择了什么样的产品。所以最关键的是抓住内容，让短视频的内容贴合到用户的需求上。

在短视频当中，怎样的内容才算得上是优质呢？短视频现在位于风口之下，具有独创性的原创短视频内容可以使得短视频团队异军突起。要想做好电商营销，关键就在于短视频的内容是否能做到有趣且有创意。

在内容上，要找出电商产品能和短视频内容相互契合的点，然后在这个基础上再进行内容创作，采用各种制作上的技巧将产品表现出来，在给观众、用户带来不可思议的观感体验的同时，还要保持短视频原有的内容风格与趣味性。

除了上面提到的，还必须避免在短视频里对观众进行产品的硬性推广，这会严重影响用户的观看体验，从而导致播放量和点击量的下降。

许多产品都具备自身的实用场景，那么在创作短视频的内容时，就需要把产品还原到对应的使用场景中，使短视频播放的内容更有代入感。

所以在将产品与视频内容进行有效结合的时候，要最大限度地避免硬性植入。只有在确保内容足够优质的情况下，才可以增加自媒体和用户之间的互动，保持"粉丝"黏性，最终为商家做出最有价值的宣传。

短视频采取电商方式变现，虽然让视频内容带上了一些目的性，不过只要在画面设计、编剧上做到可看性极佳，就能非常容易地吸引流量。记住，优质的内容直接关系到用户流量的转化。

2. 挖掘用户的需求

要想做好电商变现，短视频需要做出的关键一步，就是完成与销售的一键转化。优质的短视频可以迅速让信息传播出去。不管是图文，还是短视频内容，能够让用户在一个平台上从内容阅读转化到销售，才是最终目的。

说得简单直白一点，短视频与电商结合，不过就是变成了商家销售的载体而已。所以在创作内容的时候，短视频团队首先要确定下来，你的内容最终到底是为谁而做，这样才能够找到适合的内容，达到理想中的效果。

不管是直播还是短视频，这些多媒体形式的内容，这些全新的体验方式，不仅能够更加近距离地接触用户，同时还可以满足用户在娱乐方面的需求。说到底，这些各种各样的方式最大的目的就是满足用户的观看需求。

所以在创作内容的时候务必要搞清楚用户的习惯特征以及心理需求。而抓住用户的心理需求，归根结底就是要把握并且利用人性的弱点。而且还要搞清楚，短视频与电商的结合不是对内容进行二次传播，而是二次包装。所以要想在内容的包装上吸引用户的目光，就要找出视频的卖点，要从用户的需求出发。满足用户人性上的需求，才能为用户带来最舒适的观看体验。

3. 选择好渠道和"粉丝"

选择渠道对于电商而言是至关重要的，对于短视频来说，要从单一的平台分发，发展到多平台。因为选择什么样的渠道对短视频进行分发，所能带来的点击量和宣传效果都是不同的。

选择渠道时主张"哪里可以销售产品就去哪里发布"，所以微博、微信、淘宝等可以进行交易的互联网平台就成为许多短视频团队的第一选择。

而在选择渠道时要注意一点，电商性质的短视频是不适合投放到长视频平台的，比如优酷、爱奇艺、腾讯视频等各大视频网站。

所以要选择那些流量大而且推荐精准的平台，比如要是对某产品进行宣传销售的短视频，就直接投放到淘宝网的首页进行展示就对了，当然也可以分享到微博这些地方进行宣传。选择正确的渠道，才可以达成预期的目标，不然做什么都是无用功。

在把基础的渠道选择做好之后，接下来就是要注意持续积累"粉丝"了。前面提到的长视频网站虽然不适合发布短视频，但还是可以通过这些网站来积累一部分"粉丝"。现在是"粉丝"经济的时代，"粉丝"越多，所能创造的经济效益就越多。

只要在"粉丝"上做到精确把控，那么不管销售什么样的产品，都会有人埋单的，短视频通过与电商合作进行变现就是这么简单。

短视频与传统的图文模式的电商相比，无疑是更好的电商营销模式。对于众多短视频团队而言，"短视频+电商"的变现模式有着强劲的发展势头，而且渐渐变成了众多变现渠道中最为经济、也最为高效的方式。

最后重申一遍，短视频在运营过程中不管选择了什么样的变现方式，都必须确定一点，那就是自己的内容是做给谁的。搞清楚定位后，还要保证视频质量，这是流量变现的关键所在。

第九章

短视频营销的 3 大趋势

短视频营销是目前炙手可热的领域,那么它在未来将有怎样的发展呢?我们根据官方数据和翔实的调查资料,对短视频营销未来的发展趋势做出以下几点预测。

内容越来越跨界

目前,美食、美妆、影评、萌宠等传统主流类别的短视频,由于流量过多,内容供给已逐渐趋于饱和,越来越多的短视频创作者开始尝试制作跨界内容,即一条短视频中融合两个完全不同类型的元素,以此达到1+1>2的效果。

"办公室小野"因为"职场+美食"的新颖创意,立刻引起了整个行业的关注,因此成功摘取了金秒奖第一季度最佳女主角和最具创意精神两项大奖。

在此之后,"办公室小野"持续走红,将"内容跨界"这种新的市场发挥得淋漓尽致。

因此,在第二季度,涌现出大量"跨界"短视频,突破了单个垂直领域的现象,出现在金秒奖上。

例如,一餐范,他的短视频集合了电影和菜品两种元素,通过先在开篇介绍电影,再引出一道和电影气质相契合的菜品;而来自美国洛杉矶的人气短视频创作者"猫男",则将传统萌宠视频与好莱坞式的视觉特效相结合,产生了奇异的效果。

目前,短视频随着4G、5G速率提升成为风口产品,市场规模将会越来越大。如何做到类型融合、跨界求变,主动突破垂直领域,已经成为整个行业主动探索的重要方向。

随着4G、5G的传输速率越来越快，越来越多的人加入了短视频创作者的队伍，网络上涌入了各式各样的短视频，美食、旅行、美妆类层出不穷。短视频已经融入人们的日常生活，成为互联网的新宠儿。

由于摄影器材的普及，道具和配乐的使用简单便捷，因此拍摄成本也越来越低，吸引了越来越多的人为短视频注入新活力。

随着短视频创作及传播技术的日趋成熟，短视频平台提高了创作质量门槛，对创作者的补贴逐渐减少，同时还提高了MCN机构的准入门槛。MCN机构如果想在越来越激烈的资源竞争中获得一席之地，就必须将用户价值作为目标，凸显短视频价值，将短视频内容垂直化、差异化、优势化作为目前内容创作的主要目标，寻找一套合适的商业模式，实现稳中求进。

比起各大短视频平台在2017、2018年利用高补贴抢用户的模式，2019年短视频平台几乎已经完成了用户沉淀，不会再呈现出井喷式增长行情，只会有小幅度提升。目前短视频平台在完善、稳定的商业模式还没打磨出来前，不会采取大幅度的动作，仅通过极小动作的调整，深度挖掘每个用户的潜在价值。

1. 短视频营销趋于成熟，"短视频+"已经是新常态

如今，短视频的表现形式更加多样化和成熟，跨界玩法已成为新常态，其中包括产品跨界、渠道跨界、文化跨界等形式，通过短视频创新内容+营销，短视频创作者将各自品牌和特点优势进行融合，突破传统固化的界限，使品牌价值传递更立体、更有新意，在拉近用户和品牌的距离的同时，也扩大了品牌的传播度，并提升了营销效果，在短视频领域发挥优势。

2. 随着短视频平台的流量崛起，需要树立行业准绳

由于短视频平台发展迅猛，也出现了黑灰产业、群发、刷粉、刷流量等乱象。这就需要短视频平台和社会共同参与行业监管工作。平台要积极使用技术手段干预不良行为，反思并负担起相应的社会责任。同时鼓励社会各界共同参与监督，为保障短视频生态环境健康稳定，推进相关准则的制定和落实。

3. 5G将降低运营成本，提升用户体验

即将投入商业化的5G，必将带给短视频行业强力的推动。另外，AI技术的日趋成熟，也可以帮助短视频行业降低人力成本，实现审核过程中的效率提升和审核精准。通过大数据研究，对用户的使用情况进行实时了解，并及时完善用户体验。这些新的科技发展，将加速推进短视频商业化进程。

消费地域下沉

我们观察到，消费地域下沉是短视频所呈现出的特点。它主要表现在两个方面，一是二线、三线城市涌现出大量的短视频创造团队，二是随着方言类短视频的制作量逐渐增多，也带来了播放量的迅速崛起。

据官方数据统计，在中国首个新媒体短视频奖项金秒奖的第二季度参赛作品中，有36.3%的作品来自北、上、广、深这四个一线城市，有34.5%的作品来自二线城市，另外29.2%的作品来自三线及以下城市。这些短视频中包含了粤语、闽南语、东北话、长沙话、大连话等十余种方言，粤知一二、大连老湿王博文、湖南笑工场这样的优秀方言短视频账号纷纷入围。

通过这几组数据，我们发现这类视频内容的受众均来自特定地域或者文化圈层的精准用户。

随着短视频的创作和消费地域下沉，短视频的营销地域也会随之下沉。

因此，短视频营销行业未来必定会将营销方向对准二三线城市的消费者。那么，制作出符合这个市场特性的视频内容，将会帮助短视频创作者在大的市场环境中获得一席之地。

1. 二三线城市消费者的消费特性

作为这个市场的主角,二三线城市的消费者具有3大明显特征(如图9-1)。

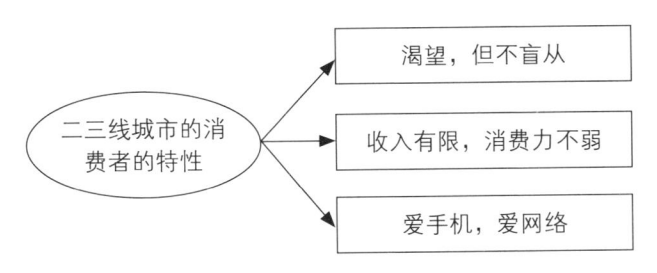

图9-1 二三线城市的消费者的特性

二三线城市的消费者的特性:
- 渴望,但不盲从
- 收入有限,消费力不弱
- 爱手机,爱网络

(1)渴望,但不盲从

相较于一线城市中激烈的人才竞争和复杂的职场关系,二三线城市生活节奏慢、工作压力小是最突出的特征。由于二三线城市消费者往往在职场上没有那么大的竞争压力,所以收入也与一线城市薪资水平有一定差距,但悠闲自如的生活状态是他们的特点。

但是一线城市的时尚潮流风向一直是二三线城市消费者的生活导向,他们积极热衷新鲜事物,希望能紧跟潮流,与时代的进步保持同步。但同时,由于自身生活条件和社会环境与一线城市有所差异,因此也促使其不断在"理想"与"现实"的冲突之间做平衡,与现代与传统环境相融合。

(2)收入有限,消费力不弱

即使二三线城市消费者的生活节奏较慢且收入有限,但丝毫不影响他们的消费能力。由于他们工作相对稳定,并且在住房上的投入相对较小,加之理财投资观念不强或渠道手段有限,导致他们的生活成本相对较低,可供自己自由支配的财富相对充裕,因此这些因素影响了他们的价值观和消费观。

从餐饮聚会、娱乐休闲、观光旅游、年节礼品到网上消费,各种渠道的消费背后折射了二三线城市消费者敢于花钱且决策过程短的旺盛消费热情,这使他们在消费的观念上丝毫不亚于一线城市的青年。

(3) 爱手机,爱网络

不得不承认的一点,智能手机的普及和发展是触发二三线城市青年进行消费的主要原因。网络快速发展得益于智能手机性能的不断提升和不断走低的售价,以及电信基础设施的建设发展,使二三线城市移动网络资费更加低廉。

聊QQ、刷微信、打游戏、看视频,全部都可以通过手机来实现,并且广告以各种各样的形式出现在屏幕上,使消费渠道更加多元化。二三线城市消费者比一线城市享有更便利的交通成本,因此每天花在手机网络上的时间更为充裕,手机网络已经成为年轻人十分重要的生活方式。

2. 二三线消费者集体崛起的内在驱动力

二三线消费者集体崛起绝非偶然,它包含了以下4个方面的驱动力(如图9-2)。

```
                    ┌──────────────────────────────┐
                    │ 低线城市居民收入持续提高       │
                    └──────────────────────────────┘
  ┌──────────────┐  ┌──────────────────────────────┐
  │ 二三线消费者 │→ │ 低线城市网络设备渗透率不断提高│
  │ 集体崛起的   │  └──────────────────────────────┘
  │ 内在驱动力   │  ┌──────────────────────────────┐
  └──────────────┘→ │ 低线居民休闲娱乐时间充裕     │
                    └──────────────────────────────┘
                    ┌──────────────────────────────┐
                    │ 80后与90后的成熟             │
                    └──────────────────────────────┘
```

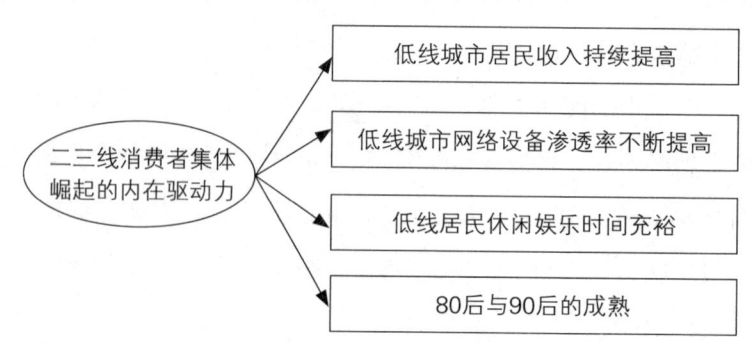

图9-2 二三线消费者集体崛起的内在驱动力

(1) 低线城市居民收入持续提高

据麦肯锡的有关预测,预计到2022年,我国中产阶层占比将大幅度提升,达到81%,成为中国消费升级的最主要力量。

其中,二三线城市的中产阶层预计在2022年达40%,成为未来占比增长最快的群体。收入的提高将显著带动低线城市居民消费信心和购买力。

（2）低线城市网络设备渗透率不断提高

二三线城市的网络设备渗透率随着互联网覆盖率的提高，以及移动互联网的持续下沉，有了显著提升，这也为低线城市居民在网络娱乐和消费行为的普及提供了更好的硬件保障。即便如何，面对低线城市庞大的人口基数，依旧能在低线城市的未来看到巨大潜力，以及在低线城市网民身上看到较大规模的增长空间。

（3）低线居民休闲娱乐时间充裕

二三线线居民相较于一线城市，由于生活圈的便利，以及生活成本的低廉，因此他们更有充裕，这些多出来的闲暇时间也是促进消费的重要因素。

（4）80后与90后的成熟

目前，消费人群结构已经以80后与90后年轻人为主导发生转移。

根据美国著名研究机构Com Score的统计数据，我国25岁~34岁消费人群占据总人口比例超出世界平均水平4.5个百分点，高达32.1%。这也促使80后与90后成为消费大军里的中坚力量。在这些年轻人里，他们往往有着更为时尚和多元的消费观念，他们普遍更加注重品质与服务，追求个性化、新鲜刺激多样化、高品质、体验式消费，因此二三线城市在泛娱乐领域的消费市场将在他们的带动下更加蓬勃发展。

数据显示，三线城市的人口数量为一线城市的6倍左右。因此，庞大的人口基数必定带来消费群体的重心转移和消费升级，低线城市将有很大的发展空间。

事实上，生活在三线城市的青年们的幸福指数和生活质量往往高于在一线城市打拼的青年。

随着一线城市的日趋饱和互联网流量红利的逐渐衰减，不可避免的一个事实是：未来的增长动力与购买力已在不经意间从一线城市转移到了二三线城市以下，而消费主导人群也渐渐从精英阶层转移到了二三线城市消费者身上。

事实上，在此之前，已经有大量的明星企业，如苏宁、阿里等线下实体店，在向三线以下城市渗透和下沉。除此之外，还有不少国内外高端品牌入驻到二三线城市中，这些行为都预示着它们已经率先开始抢占二三线城市消费者背后这座巨大的"金矿"。

中国二三线城市更能代表典型的中国人的生活方式，它们还拥有最大人口规模的聚集。因此，如果将二三线城市看作最好的品牌实验室，一旦在这些地方将价格、消费习惯，以及供应链的成熟度等诸多因素检验成功，那么便拥有了更大范围内复制的能力。

作为未来中国消费主力军的二三线城市消费者，他们拥有更宽裕的时间以及消费能力，唯一无法满足他们需求的是市场和品牌的稀缺。因此，在未来短视频营销可以捕捉这些二三线城市的用户心理，推出符合他们审美以促发消费的短视频产品，一定能起到很好的效果。

分发更加国际化

什么是内容分发？

内容分发网络技术原理有时候也被称作内容传递网络。它是利用现有的互联网络，在其中建立完善的中间层，将网站的内容发布到最接近用户的网络"边缘"，使用户能以最快的速度，从最接近用户的地方获得所需的信息。

内容分发可以从技术上解决网络带宽小、用户访问量大、网点分布不均等对用户访问效果的影响，它实现用户对网站的就近访问及网络流量的智能分析，根据业务运营商定义的内容分发策略，将本节点流媒体资源库中的指定内容向下层节点推送。下层节点控制系统通知下层内容管理系统登记接收，该节点以内容注入的方式接收分发的内容。内容分发技术大大提高了网络的响应速度。

一方面，内容分发和传递可以看作内容分发网络的两个阶段，分发是内容从源分布到内容分发，再到网络边界节点的过程，传递是用户通过内容分发网络从而获取内容的过程；另一方面，分发和传递可以看作是内容分发网络的两种不同的实现方式，分发强调内容分发网络作为透明的内容承载平台，传递强调内容分发网络作为内容的提供和服务平台。

一套完整的内容分发网络系统包括服务器负载均衡、动态内容路由、高速缓存机制、动态内容分发和复制、网络安全机制等多项技术，其中的核心技术主要包括两个方面：一是基于内容的请求路由（即重定向）和内容搜索；二是内容的分发与管理。其他技术如负载均衡等均可以通过这两个技术实现。

可以预估到，短视频的国际化趋势在未来会更加明显。国内的观众不仅可以足不出户欣赏到更多国外的短视频作品，同时也可以将国内短视频更快速地推广传播至海外地区，这也是全球文化传播发展的趋势。

下 篇
拥抱直播营销

本质上说，今天的人们捧着手机看直播，跟过去周末守在电视机前看电视节目并没有什么本质区别。

直播营销最吸引广告主的优势在于实时互动性。其相对成本较低，未来在各直播平台营收中的占比有望持续增高。

直播营销总体可被分成传统的"硬广"和创新的"直播+"两种模式。其中"直播+"模式包含内容营销、互动营销和电商三个种类。两种模式各有优势，可供广告主灵活选择。而"直播+"作为一种可无限延展的形式，在未来或将成为主流。

随着直播营销产业的持续发展，产业链上下游合作将升级，购物渠道或将被打通，科技的进步也将围绕在图像识别和语音识别上，为直播营销带来更多的可能性。

第十章

电商＋直播，转化更直接

随着网络直播自2016年以来的声势日壮，"直播＋"时代已经以不可阻挡之势到来。"电商＋直播"的营销模式也凭借其相对于传统营销成本低、转化率高等优势而得到迅猛发展，电商移动化正在实现，并已成为大势所趋。本章将就直播对电商的意义，"电商＋直播"的几种主要模式，其面对的机遇与挑战、发展前景与方向等展开论述，和大家一起了解"电商＋直播"这一全新的营销模式。

▶ **内容变现：**如何赢在短视频直播时代

电商为何做直播

2016年5月28日，文莱籍演员、歌手吴尊在淘宝上直播推荐"惠氏启赋"奶粉，在长达1个小时的直播期间，淘宝达成了超过120万元人民币的奶粉交易量，单品转化率高达36%，达到了日常商务转化率的足足7倍。直播结束后，主办方惠氏启赋奶粉及其合作方淘宝直播方面，都被直播的威力所震惊了。

慧氏奶粉的这次直播营销无疑是非常成功的。事实上，慧氏奶粉的成功并非个案，在此之前，柳岩在淘宝的直播，魏晨在聚美的直播，都曾为平台带来了让人难以置信的超高点击量和利润。由此也可以看出：直播营销的出现给电商带来了全新的发展契机。那么它对电商发展的意义具体是什么呢？换句话说，各电子商家为什么要使用网络直播进行电子商务往来呢？下面我们就结合一些具体事例来简单分析、总结一下，看看直播营销到底具有哪些魅力，使其能够如此炙手可热，被广大电商们争相追捧。

1. 直播让电商获客成本得到最大程度的降低

一直以来，获客成本高的问题都困扰着许多电商企业。传统的营销策略比如打折、降价、开展抽奖活动、双十一特惠等都需要商家付出较高的资金成本，而直播的出现却使这种局面得到了极大改善，甚至可以实现营销的零成本。

当前直播一般不收费，只需要在直播平台上注册就可以了。以淘宝直播为例，如果店家已经是淘宝达人，就可以直接开启直播；如果还不是，只需等待审核通过即可开通，完全没有资金方面的成本。电商经营者完全可以借助这些平台自己做直播，只需要投入一些精力，将直播做得足够新颖，富有特色，就可以吸引顾客驻足购买。而这种方式的优点不仅表现在销量方面，对于商家和客户的维护方面也是大有裨益的。

2. 直播为电商吸引大量眼球

想要抓住买家的眼球，在多如牛毛的网店中脱颖而出，就必须具备相当强的吸睛能力。店铺的等级，店铺和店铺宝贝的收藏量，店铺的各种打折、优惠活动等都是吸引买家的重要条件。但只有这些还不够，在这个追求个性的时代，想要吸引更多买家，特别是以90后为主的新生一代消费者的关注，网店就必须要标新立异，构想一些新奇的影响策略。利用直播来营销，就是策略之一。

直播以其特有的闪光点为电商吸引了大量眼球。具体如下：

（1）直播以其一对多模式惊艳买家

我们知道，传统的电子商家是与买家进行双向的一对一网上交流，成与不成只是一件或几件商品的交易，至多交易各阶段都让买家很满意而可能成为固定客户。但那也只是单个客户，给商家带来的利润非常有限。而直播在电子商务方面的应用着实达到了一鸣惊人的效果。其所特有的一对多交流模式使电商获得大量客户成为可能。

魏晨在聚美直播的5分钟内，直播平台粉丝就超过200万。根据浏览到购买32%的转化率来计算，它在那么短一段时间内所得到的客户数量之多也足以使人惊叹。

（2）直播以其真实性征服买家

以往的网上购物，客户看到的只是商品的平面图，可能与实物在各方面差别巨大。不少人会因此而心存顾虑，不会轻易下单购买。直播的出现为电商解决了这个问题，因为直播是即时性的，不能重来，也无法剪辑，看到什么就是什么，客户不会因担心自己可能受骗而心存顾虑，下单的客户自然多了。比如，吴尊在淘宝上推荐奶粉的直播让客户们看到了关于奶粉的详细信息，在大约1个小时的直播中，他们心里的疑虑渐渐减少、消失，信任随之建立，客户大增，销量可观。

（3）直播以其互动性温暖买家

去实体店买东西，人们会与卖家有很多面对面的互动，还可以直接对商品进行鉴别。而传统电商只能通过信息与买家进行单一的文字交流，没有人与人面对面交流的亲切感。网络直播不仅弥补了这一不足，而且有所开拓。它不仅使买卖双方可以面对面交流商品信息，还让天南海北的买家也能通过直播互相交流购物心得。而且，它别有新意的各种小活动也往往能抓住客户的心，使销售额增加。魏晨在聚美直播的送礼物、发红包等互动活动使直播观看人数突破500万人次。

综上所述，直播以其特性为电商吸引了大量眼球，使它能够获得更多客户，从而实现以低成本获得大利润。网络直播以其独有特性使电商获得一个十分难得的发展契机，对电商发展来说意义重大。

"电商+直播"的3大模式

"电商+直播"作为一种新兴的营销手段，因其低成本和高转化率，日益受到电子商家的欢迎。那么，电商到底应该如何利用直播为自己做营销呢？"电商+直播"有不同模式，划分标准不同，其分类也会有所不同：以直播侧重点为划分标准，可将"电商+直播"划分为网红类直播和互动类直播两种；从主播身份角度，"电商+直播"可被划分为店主直播、网红直播、明星直播三种。

以上两种划分方式下的直播模式都比较容易理解。现在，以电商与直播的结合方式为划分标准，我们一起来了解一下"电商+直播"最经典的3种模式。

1. 电商平台增加直播功能

这类"电商+直播"模式的特点是，传统的电商平台如淘宝、天猫、蘑菇街、聚美优品等，在自己原有的平台上添加直播功能，卖家申请开通直播功能，通过审核即可进行直播。

实际上，这种方式只是在传统电商平台上添加了一种以往没有的功能，商家可以选择申请使用或者置之不理，传统电商平台并没有因为直播功能的出现而发生质的改变，它售卖的还是以往的那些商品，商品的结构、购物操作流程并没有改变，直播只是为了实现倒流，它更像一种广告宣传。

来看一个比较典型的案例，据统计，2015年双十一期间，美宝莲（所有品牌都包括在内）共卖出9,000支口红；2016年4月14日，杨颖为美宝莲直播宣传，两小时内其新品"唇露"最终卖出10,000支。

从表面上看，这是天猫、淘宝直播平台的巨大成功，但仔细分析可知，其背后起关键作用的是实际上是那些明星，以这个趋势发展，最终各个电商平台添加直播的模式可能会转化为对优质内容，也就是有影响力的明星或网红主播的争夺，而这和传统的请明星为自己代言广告没有本质差别。

而且这种模式下的用户更换平台的成本非常低，可以说几乎为零。举例来说，没有人会为用哪一个软件打车而过于纠结，同样，人们也不会为用哪个电商平台看直播买东西而苦恼，通常是哪一个更实惠就用哪一个。因此，各电商平台的这种与直播结合的模式实际上没有多少新意，但值得肯定事，这种模式所带来的盈利效果还是非常令人满意的。

2. 直播平台通过商品链接导流到电商平台

简单来说，就是在以往的直播平台，比如YY、映客、花椒等的直播页面添加商品链接，主播在直播时适当地对链接商品进行宣传，以使用户有购买意愿。点开链接后，用户可直接进入购物页面了解商品，进而做出购买或不购买的决策。

这种模式目前还没有代表公司，它只是一种发展方向，至于能不能最终实现并普及，还很难说。对于直播平台来说，"电商+直播"的变现方式清晰、直接，是目前可以预见到的最诱人的直播变现渠道，但是市场上众多直播软件却都不敢轻易试水。转型的风险大、成本高，能转型成功很好，可一旦转型失败，就可能会竹篮打水一场空——以前的积累也付诸东流。

目前的直播平台大多属于荷尔蒙经济，用户来到直播平台的主要目的不是看主播推荐商品，更多的是为了放松。如果平台加上电商功能，用户会有被要求购物的不良感觉，直播平台可能因此失去大量用户。倾尽所有去打一场没有把握的仗，既得利益者是不会冒这种险的。

3. 新型"电商+直播"模式

这种新型的"电商+直播"模式以波罗蜜日韩购和小红唇为代表。

波罗蜜主打"视频互动直播"的专业日韩自营跨境电商平台。打开APP，用户即可真切感受到日韩当地的购物场景，并能在线与现场工作人员实时互动。波罗蜜在价格方面主打"只卖当地店头价"，即用户飞到日本和韩国所买的商品，其价格和在波罗蜜买到的价格是一样的。而且波罗蜜商品均由当地富有经验的团队负责完成选品、供应链、仓储等，有质量保证。波罗蜜资本注入快速，新型直播购物模式引人注目，加上海外团队搭建了绿色供应链，吸引了很多用户和投资人的关注。

小红唇是国内一款针对15至25岁年轻女性的垂直视频分享社区+社会化电子商务平台，用户多为女性，达人在平台分享化妆、护肤、如何选择化妆品等关于如何变美的视频和直播。视频和直播页面链接有达人推荐的各种商品，用户只需点开链接，便可到达购物页面选购商品。目前该公司的发展方向是通过快速融资进一步打造网红、增强变现渠道、强化直播内容+流量，以及品牌双向导流。

以上这些模式一开始既不是以电商平台的形式，也不是以直播平台的形式出现，而是以"电商+直播"的综合性平台形式亮相。也就是说，它们从成立时起，就把电商与直播看为不可分割的一个整体，二者是并存关系，这是它们不同于淘宝、天猫等直播的地方——淘宝和天猫只是把直播设置为一种新的功能，电商平台与直播是从属关系。

做个不甚恰当的比喻，如果淘宝是一棵梨树，直播就是后来嫁接到这棵梨树上的一个小苹果枝，它与淘宝其他的众多梨树枝一起形成整棵树；而波罗蜜和小红唇则是一开始就是梨树和苹果树的合体，它们是"梨苹果"树。

当然，这些"梨苹果"树并不是完全一样的，比如波罗蜜的商品信息和直播视频是在同一个页面的，它的视频并不都是实时直播（那样成本太高，不太现实），而是提前在日本或韩国制作好的，日本或韩国的工作人员介绍商品的视频。可以点开视频看以往的直播。这些视频都被重播过很多次。小红唇则强调通过分享引起用户兴趣，进而购买。相比之下，小红唇的社交属性似乎更强一些。

一般认为，第三种新型"电商+直播"模式是3种模式中最具有竞争力，发展前景最好的。因为这种新型"电商+直播"模式平台，直播和电商是紧密联系的一个整体，二者利益相关，是共生互利的关系，其内容带有鲜明的平台属性，同时平台上售卖的商品也是根据直播推荐而来的。

哪些产品和服务适合直播售卖

目前，电商直播营销主要集中于跨境电商和美妆两大领域，同时也在向其他领域蔓延。虽然从当前发展局势上来看，"电商+直播"的营销模式将是未来电商发展的大势所趋，但是值得注意的是，并非所有产品和服务都适合通过直播进行售卖。那么，有哪些产品和服务适合做"电商+直播"呢？下面就让我们一起来简单了解一下（如图10-1所示）。

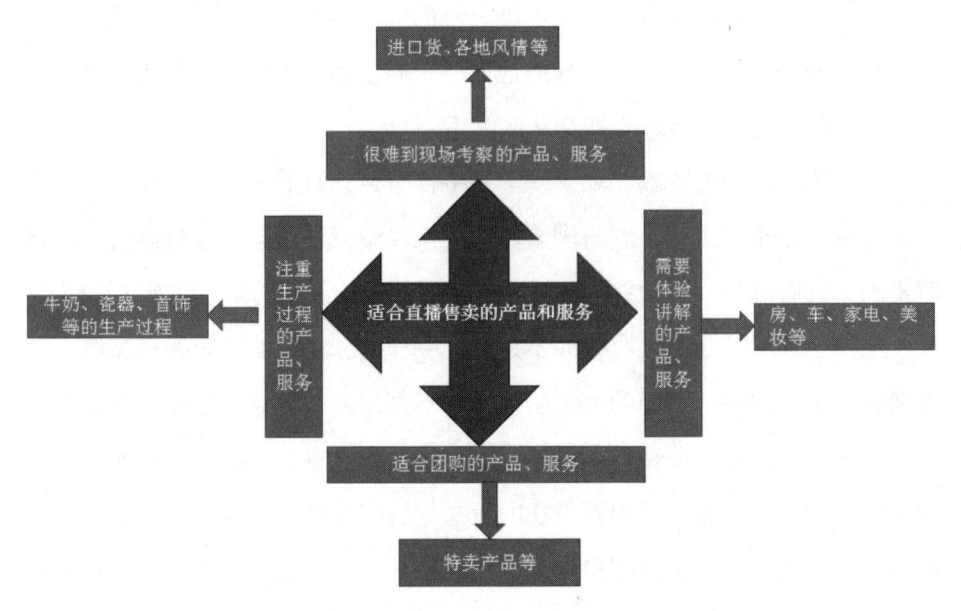

图10-1 适合直播售卖的产品和服务

1. 很难到现场考察的产品、服务

这类主要指跨境电商所售卖的那类产品或服务。很多用户买进口货时，由于时间、经济等因素而不能直接到当地购买，无法了解自己想要的商品在国外是什么样的状况：有什么品牌、对应的价格区间如何……总之，不能得到对称的信息，但是他们通过电商购买时却要做出无依据的决策。而直播的出现则有效解决了这个问题，人们通过直播能详细了解进口商品，进而做出购买与否的决策。

比如旅游等的服务类决策，在去现场前人们是不了解的，直播可以解决这一难题。人们可以通过直播了解各地风情，做出去哪儿的决策。项目投资类的决策难以在不到现场的情况下轻易做出，借助于直播，人们可以更了解项目，进而做出是否投资的决策。

2. 注重生产过程的产品、服务

随着社会的发展和人民生活水平的提高，人们对于产品或服务的关注点开始从结果转移到过程上，实际上就是越来越关注产品或服务的质量。食材方面，比如牛奶、蔬菜的生产过程；艺术品上，像瓷器、首饰的制作过程；此外，食品的加工过程、孩子的学习过程等都开始逐步成为人们关注的重点。

比如卫龙食品就做过一次展示食品制作流程的直播，其将生产车间的状况和整个生产流程都用直播的方式展示给观众，成功地打消了人们对于食品安全的担忧，达成了非常好的宣传效果。

传统的电商只通过图文展示并不能使人们对于这些有一个详细而真实的了解，而直播却做到了这一点。因此，卖此类商品的电商应该抓住机遇，积极利用直播巨大的宣传作用。

3. 需要体验讲解的产品、服务

人们在买大件商品，如房、车、家电等之前，一般都需要先全方位地了解产品和服务，听取专业的意见和讲解，但是可能会有不少人没有那么多时间亲自去体验，直播就非常适合这类产品。这类商品可以通过直播展示细节，虽然不能完全代替真实体验，最起码可以在有限时间里让客户进行第一轮筛选，节省实地考察的时间。

此外，另一类需要讲解化妆技巧的美妆类产品，已经在电商直播中风靡起来了，前面我们提到过的小红唇就是其中之一。作为一款针对年轻女性的"美妆网红"视频电商平台，小红唇主要采用通过达人向大众分享变美过程的形式推销产品

4. 适合团购的产品、服务

能够在短时间内聚集起一群具有相同兴趣爱好的人，是直播最大的特点，也是最大的优势，电商则可以借助这一点成功吸引到一个有着相同需求的群体，然后向这个群体售卖一种或几种产品或服务，这种情况实际上是一

种新型的团购，它和团购一样有着群体行为属性。因此，过去在团购尤其是限时团购中销量较大的产品和服务非常适合采用"电商+直播"这种营销模式。就像团购容易在无意中打造爆款一样，电商+直播同样可能成为爆款生产机。

聚划算在这方面进行了有益的尝试：吴尊通过直播使惠氏奶粉一小时内售出120万交易额；柳岩在聚划算直播叫卖6款产品，其中枣夹核桃卖出2万余元，在观看人数仅12万的基础上，必须承认这是一个不错的成绩。相信未来，聚划算以及主打限时特卖的唯品会都极有可能成为直播电商界的"大佬"。

虽然当今电商直播发展势头喜人，可以说"无直播，不营销"，但是各商家也不能因此被繁荣的大形势蒙蔽双眼，不顾实际情况盲目跟风模仿，而是应该根据自己产品的情况选择适合自己的营销模式，做到"知己知彼，百战不殆"。

没有转化率，一切都是空谈

电商与直播之所以能在时代的推动下相遇、结合、发展，是因为二者的结合能使电商低成本获客，最终使二者都能获利。但是，随着时间的推移，电商直播的发展可能进入一个平稳期甚至可以说是瓶颈期，面对继续发展的压力，电商直播应该怎么做到提升转化率？下面我们来一起看一下。

1. 充分利用"名人效应"吸引用户

所谓名人，指在社会上或某一领域具有很大知名度和影响力的人。名人可以是歌星、影星、体育明星、作家，也可以是某一领域的领头人物，当然，也可以是网红。这些人都是（意见领袖KOL），他们都自带人气、关注、流量，如果电商能够把这些人请为己用，为自己直播宣传，这些人气、关注、流量自然而然地会被转移给电商。

以淘宝为例，有人统计出在淘宝上消费者从浏览到决策，转化率是32%，如果再加上名人的宣传效果，无疑会获得丰厚回报。当然，能请得起名人为其直播的，一般都不会是小网店，而是品牌店，它们本身也需要名气实力兼具（如表10-1所示）。

表10-1　各品牌与其所请明星及直播内容

品牌+明星+直播活动案例		
品牌	明星	直播
唯品会	周杰伦	CJO签约发布会
	刘恺威	采访
美特斯邦威	黄景瑜	新品发布会
美宝莲	杨紫	草莓音乐节
	杨颖（anglebaby）	代言人专访
野兽派	小S	母亲节大片专访
NIKE	Selina	全国巡跑

为了减少请名人直播宣传带来的巨大成本，有能力的电商可以培养自己的"名人"，实际上就是自己培养网红。培养网红当然也需要投入不少资金，但是一旦培养成功，节省下的请名人的成本和后期收益也是巨大的。当然，想要牢牢留住请来的或自己培养出的网络名人，必须有所行动，可以尝试打造主播→普通网红→大网红→明星的主播晋升和盈利体系，以尽可能地留住优秀名人主播。

2. 发现更适合电商的直播场景

前面已经说过，电商直播在优化用户购物体验、吸引顾客方面做得很好，但其还有可开拓的空间。具体可以从以下几个方面进行尝试：

（1）嫁接不同生活场景

这是指在进行直播分类时，引入具体的生活场景，比如可以分为：我要去约会，要如何化妆？去聚会要穿什么？送给女儿什么礼物？什么样的跑鞋子更好？等等。这些生活化的场景更容易吸引顾客，浏览量增加了，转化率自然会随之提升。

（2）发掘其他直播的巨大能量

比如可以尝试在旅游类直播中销售旅游类产品，聚美优品曾经做过此类尝试，效果很好。其他如与娱乐直播、教育直播等的结合都可以谨慎探索。

（3）做有意义的公益直播

提到公益，总会有很多热心人支持，直播也可抓住这一发展契机，吸引客户，提高转化率。比如，电商可以和公益活动方合作，利用直播的可移动性，直接到公益活动的现场进行直播，同时发布合作方式：每卖出一件商品，部分利润就会捐赠给公益活动方用于公益事业。这一方式无疑会吸引很多客户，而且电商热心公益的诚意也会提高其知名度和声誉。

（4）搭建商城和直播间的虚拟场景

这就要求电商直播和VR技术相结合，使用户在直播间购物的感觉就像在实体商场或步行街。这样的新鲜购物体验会吸引很多用户，转化率自然也提升了。

3. 利用多人直播，广泛覆盖关键人群

这种方法是指邀请多位网红或明星同时或接力展开直播，最大限度地覆盖精准客群，从而提升转化率。看一看下面两个例子。

2016年戛纳电影节期间，欧莱雅联合美拍推出了"零时差追戛纳"系列直播，联合巩俐、李冰冰、李宇春等明星进行直播宣传，展现明星们的台前幕后。结果令人惊讶：共311万人观看了直播，评论条数达到72万，更是得到高达1.639亿的点赞量。

2016年6月18日，来伊份举行6·18大促销活动，邀请15位网红分别在6

个城市进行直播互动，主播们在直播中试吃食品、进行有奖竞猜活动、请观众扫码……这些活动吸引了大量观众，2小时带来了60万粉丝的流量，实体店和网店销量均实现了翻倍增长。

越来越多的数据正强烈地冲击着人们的眼球，多人直播所带来的效益——更高的知名度、更高的转化率——自不待言。

4. 持续输出高质量的直播内容

用户除了因名人效应或主播颜值而被吸引，其被直播吸引的其他最重要原因是直播内容符合用户需求：或是用户确实需要某些商品，或是主播的直播风格、互动方式等符合用户的欣赏要求。既然无法干涉、控制用户的需求，电商们只有在直播内容的质量上下功夫来吸引用户了，努力持续输出高质量的直播内容来吸引用户。

（1）远离低俗化

这一点是基本要求。电商直播不应是荷尔蒙经济，用户会自然而然地排斥低俗内容。所以，要想提高转化率，一定不要跨"低俗的雷池"一步。

（2）传递正能量

人们总是喜欢传递正能量的人和事，传递正能量的直播自然更能吸引用户，提高转化率。

（3）直播风格风趣幽默

幽默风趣的直播风格能给用户带来愉快的感觉，能使直播气氛轻松活泼，用户自然会被吸引，转化率的提升也随之实现。

对于电商直播来说，提升转化率就是一切。希望这些提升转化率的方法，能对直播电商有所帮助，为其带来实实在在的转化率提升。

电商和直播的深度融合

"电商+直播"这种全新的营销模式兴起时间虽然不长，但其却因其本身的种种特色和优势，在短时间内取得了飞跃式的发展。2016年，可以称得上是网络直播爆发的元年，也是"电商+直播"发展最为迅速的一年，我们可以看到一部分"电商+直播"（主要指第一种和第三种"电商+直播"模式）在技术上已经从之前的直播页面与购物页面分离，发展到了直播页面与购物页面可以自由转换衔接。

以淘宝为例，淘宝买家们在观看直播时，如果有中意的商品，可以点击右下角的红色商品袋，上面标有商品数量，单击就可进入购物页面，可以拉引着浏览所有商品序列，找到所需商品。商品序列页面只占整个页面的2/3，同时直播的页面不会消失；单击所需商品，直播页面会变小后在右下角出现，你可以再看看商品详情，最后决定买或不买，一切都无须付费，操作简单方便。蘑菇街等购物网站的情况大同小异。这可以说是目前最为流行的电商直播营销模式了。

虽然目前"电商+直播"的营销模式比起刚起步时已经有了很大进步，"电商"与"直播"的联系也更加密切了，但它仍然有待完善，"电商+直播"的营销模式要向着深度融合的方向发展，这是其未来发展完善的大方向。要实现二者的深度融合，具体有哪些方法值得尝试呢？以下几点可供参考。

1. 开放直播权限

首先，电商平台可以尝试开放直播权限，促进其与直播的进一步融合。这种方法是针对第一种"电商+直播"模式——电商平台增加直播功能而言的。

以淘宝为例，对于直播的权限可以更加开放，比如取消直播需要先申请的制度，甚至可以把直播设置为一项常规的功能，就像"收藏""加入购物车"功能一样，任何卖家只要愿意，就能随时随地进行直播，事实上这就是电商直播的普及和大众化。开放了权限，使用直播介绍商品、与用户互动的人群多了，由此获得的潜在客户自然多了，转化率也会随之提升。电商和直播也能进一步融合。

2. 开设买方直播功能

其次，电商平台尝试开设买方直播功能，以促进其与直播的进一步融合，这同时适用于第一种和第三种"电商+直播"模式。

基于开放直播权限这一点，我们不妨再大胆设想一下：能不能也为买方开设直播功能？有研究表明，未来市场属于消费者决策型市场，在交易过程中，消费者掌握主动权。设置买家直播功能就是给用户主动权，自然会受他们欢迎。至于到底可不可行，能不能提升转化率，最终使电商获利，我们还不能确定，因为市场具有很多不确定因素，但不管怎样，这都可以作为一个尝试。当然，为了便于管理，关于买方直播的开放最好先设有限制，如先对等级最高的买家开放此功能，他们有什么需要可以在直播中提出来，然后有符合条件商品的商家可以与之联系，经过洽谈、选择，最终完成交易。

这种方式有种"私人订制"的味道，但它又有别于私人订制，因为它是从成品中"淘"商品，而不是真正的订制商品。所以，一旦有符合条件的商品，交易就能很快确定下来，无论在价格上还是在速度上，都会比私人订制有优势。

3. 提升直播内容的质量

最后，电商们还可以提升自己直播内容的质量，以此达到与直播的深度融合。这实际上就是打"内容战"，该方法三种模式的"电商+直播"均适用。

网络直播被称为"流量神器"，自2016年以来广受关注，发展迅速。但是，任何事物的发展都有上坡期和下坡期，由吸引流量到制造购买氛围，再到客户实际购买，这个过程在一次一次的重复中会渐渐变得不那么有魔力。预计，消费者一时的新鲜感过去之后，直播的商品转化率会走下坡路，慢慢降低。为了最终留住客户，使他们成为忠实粉丝，电商们的直播内容必须要翻新，不能仅仅只是介绍商品，简单互动，而是要言之有物；不是用颜值而是要用智慧赢得关注。要知道，内容为王的金科玉律在直播上同样适用，电商直播只有具有内容才能真正"吸粉"且"留粉"，进而增加购买转化率，只有转化率高了，电商与直播才可能在原有基础上深度融合。

因此，各个网站不妨尝试着自己培养一些不只有颜值，而且有内涵、有智慧、更加专业的实力主播。这一点，很多热衷于直播营销的电商企业也正在努力，虽然这样做会在一定程度上增加企业营销成本，但后期的回报收益足以弥补。

在直播的蛋糕越做越大的环境下，电商直播营销在深度融合的过程中日益完善，其凭借其高流量、强互动、注重体验等特点完胜传统电商营销。展望未来，"电商+直播"营销模式的发展壮大已经成为大势所趋。

"电商+直播"的机遇与挑战

从当前发展局势来看，国内较高的硬件水平和繁荣发展的网络环境，使"电商+直播"的发展与普及为可能。现在是一个网络时代，随着4G技术和Wi-Fi的普及，人们的生活围绕着移动网络展开：交友、购物、出行等都可以通过网络来进行，可谓"无网不欢"。在"互联网+"的热潮之下，"直播+"的巨浪又席卷而来，直播正在由秀场向大众方向传播。火热的网络环境为"电商+直播"的发展提供了可以植根的土壤，这是社会大环境为其提供的不可多得的发展机遇。

而另一方面，几乎人手一部具有摄像技术、美颜效果的智能手机，就可以作为一个简单移动平台，因此，"电商+直播"的发展拥有足够的硬件支持。

同时，在当前这个网络环境下的信息社会，人们每天都通过网络接受海量信息，但这些信息大都是碎片化的，所以人们就有了很多无目浏览这些信息的碎片化时间，而"电商+直播"可以把这些碎片化时间整合利用起来。人们在看直播的时候，实际上是在看低成本甚至零成本的广告，这不仅能宣传商品，加强其知名度，还能省下传统广告的不菲广告费，可谓一举两得。

此外，"电商+直播"这种全新的营销模式凭借一对多的模式、较强的互动性和真实性充分弥补了传统电商交流方式单一、互动性不强、剥夺消费者购物体验等痛点，使消费者不到实体店也能买到满意的、有质量保证的商品，享受到相对美好的购物体验。

总之，随着直播技术的兴起，电商+直播凭借着种种优势已经成为一种倍受企业追捧的全新营销手段，其为企业未来的发展提供了许多机遇。随着"电商+直播"模式的日益火爆，其发展已经来到了风口之下。但是，需要注意的是，由于技术等种种因素的限制，该模式现在的发展还未完全成熟，其在为企业带来各种机遇的同时也面临着很多的挑战，企业在选择应用时应该加以注意（如图10-2所示）。

1. 政策风险

网络是一个信息传播大平台，巨量信息无时无刻不在传播，正因为其传播速度之快、之广、之不可控，国家对这一领域的管控力度比较大。而网络的新宠儿"电商+直播"，因其迅猛发展的火爆势头，肯定会受到更严格的管控。国家已经出台了严格主播审查制度的政策，这势必会在一定程度上约束直播的发展。其他政策方面的风险犹未可知，这种不确定性对"电商+直播"的发展是个潜在的挑战。

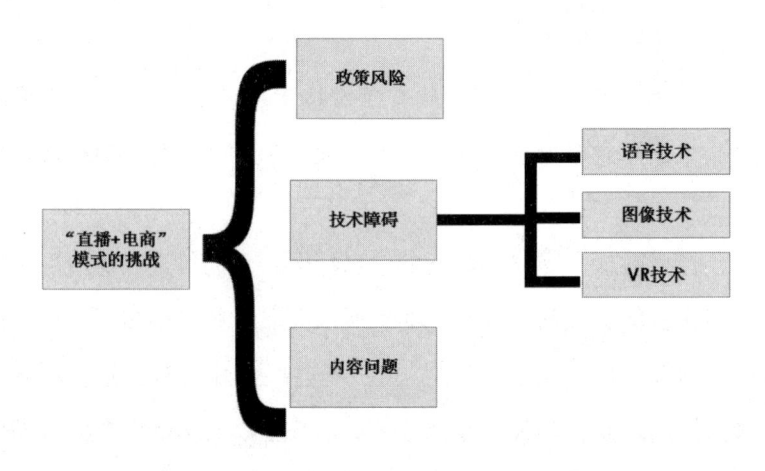

> 内容变现：如何赢在短视频直播时代

图10-2 "电商+直播"模式的挑战

2. 技术障碍

"电商+直播"面临的最大难题实际上是技术问题。与传统电商相比，"电商+直播"模式在弥补消费者购物体验不足方面已经有了很大进步，但那还远远不够。如何使消费者在看直播时有更美好的购物体验，使直播与电商达到无缝衔接，增加转化效率。这是技术需要努力的方向。这里主要有3个方面的技术有待提高。

（1）语音技术

如何使语音技术与直播顺畅结合，使其达到这样的效果：当主播说到某种商品时，屏幕上就会出现相应商品的链接，点开即可了解、购买商品，既可提升转化率，又丰富了互动方式。现在这种技术还没有被研究出，但是聚划算的"语音口令"尝试已经是对此项技术的初步尝试。

（2）图像技术

就是在主播直播过程中，或遇到某件商品时，可以通过图像识别技术探测对应商品，进而推荐给用户，真正实现边买边看，增加转化率。目前已有人在尝试研究这种技术，但我们不能低估其难度。

（3）VR技术

（虚拟现实VR）技术与直播的结合是未来电商直播的一个发展趋势，

通过VR技术，实现虚拟与现实的完美结合，使消费者在主播引领下，在虚拟商场里任意了解、选择自己喜欢的商品，给消费者接近实体店的完美真实购物体验，进而提升转化率。（增强现实AR）技术、（混合现实MR）技术与电商直播的结合是VR技术实现后的又一发展方向。这些技术难题的解决只是时间早晚的问题，但此时却是"电商+直播"发展的最大挑战。

3. 内容问题

现在的电商直播在内容方面存在一些问题：电商直播的内容都是清一色的产品介绍、产品试用等，同质化严重，没有多大创新；电商直播的内容质量水平没有达到应有高度，大部分直播还是靠颜值而不是业务说话，存在部分低俗化倾向。同质化的内容可能引起消费者的审美疲劳，内容的低俗也会引起人们的反感，这些都可能使商家丢失潜在客户，减低转化率。内容问题对"电商+直播"模式的威胁不能小视。

机遇与挑战永远并存，作为一种全新的营销模式，"电商+直播"的发展也不例外，乐府要想对该模式加以合理利用，在机遇与挑战中降低成本、提高转化率，以最大限度地获得利润，所需要做的就是：利用一切有利条件抓住发展机遇，使尽浑身解数面对挑战，努力获得最好发展。

第十一章

直播营销的常用平台

根据2019年艾媒咨询数据显示，直播已经成为一种新的营销方式，渗透消费者的日常生活。约三成直播电商受访用户称，每周会观看电商直播4~6次。艾媒咨询分析师认为，观看电商直播成了当下流行的消遣方式之一。在消遣的同时，用户也减少了为选择商品而花费的信息搜寻成本和时间成本。

▶ **内容变现：** 如何赢在短视频直播时代

斗鱼TV：泛娱乐直播营销平台

斗鱼是游戏直播的行业老大，现在更多地在拓展泛娱乐内容。斗鱼的前身为ACFUN生放送直播，于2014年1月1日起正式更名为斗鱼TV。更名后的斗鱼TV是一家弹幕式直播分享网站，主要为用户提供视频直播和赛事直播服务。而今以游戏直播为主，涵盖了户外、综艺、娱乐、体育等多种直播内容。

斗鱼TV的联合创始人兼总裁张文明在接受《长江日报》的采访时称，斗鱼从游戏直播到体育竞技，再到生活、娱乐等，希望能真正打造一个平民及全民的泛娱乐平台。

斗鱼TV虽然最初是从游戏直播起家，然而随着发展，现在已经整合了多方面的内容和资源，几乎涵盖了游戏、教育、体育、科技、公益，甚至是综艺和娱乐等多种直播内容。斗鱼TV之所以能如此发展，便是因为其在不断地为用户提供优质且丰富的内容，才能赢得用户的喜爱。

但斗鱼TV的发展也并不是单向性的，而是结合自身平台的特点，将运营模式向娱乐新媒体、游戏以及产品分发渠道、优质视频等方向发展。如今斗鱼TV的主要经营内容包括斗鱼+"大众创业、万众创新"、斗鱼+游戏、斗鱼+体育竞技、斗鱼+娱乐、斗鱼+生活、斗鱼+就业、斗鱼+公益等。

据第三方权威网站Alexa数据统计，斗鱼TV在用户和流量数据方面，截止到目前，已经进入全球网站前300名，在全国排前30名。浏览量在国内视频网站中排名前十，而游戏直播平台则排第一名。

在2016年，斗鱼TV称，晚间高峰时段，网站的访问人数已经接近淘宝的80%，而在线开播的主播甚至超过了5,000位。

2022年第三季度，斗鱼月活跃用户数5,710万，付费用户数560万。其中，斗鱼TV在90后人群十大热情关注和00后人群的十大新鲜关注中并列前五。

到2017年时，斗鱼TV直播的累积注册用户已达2亿人。平均每天有9万到10万位主播开播，在晚间高峰时段甚至有2万左右主播同时在线开播。

同程作为中国在线旅游行业的龙头之一，历来擅长利用新媒体对旗下旅游产品进行推介，而同程与斗鱼直播南浔游的活动更成为旅游业界津津乐道的典型事件。

2019年3月，武汉东湖高新区监测数据公布了斗鱼直播在2018年的营收报告：其中显示2018年斗鱼收入超过40亿，截至2019年1月活跃用户数据高达4,671万人。可以明显看出斗鱼在营收和月活跃人数上面甩开其他直播平台一个身位。根据移动直播APP来看，斗鱼用户量也保持在直播行业前列。

虎牙直播：游戏直播营销平台

虎牙直播，成立于2014年11月，是一家互动直播平台，主要为用户提供高清、流畅而丰富的互动式视频直播服务。虎牙直播旗下产品覆盖移动、PC、Web端，而知名的游戏直播平台、风靡东南亚和南美的游戏直播平台Nimo TV等，也为虎牙直播品牌所有。

虎牙直播是从YY直播分离出来的，2014年11月21日虎牙直播开了发布会，且首次采用了线上直播的方式。虎牙直播也是中国领先的游戏直播平台之一，其覆盖超过3,300款游戏，并且已经涵盖娱乐、综艺、教育、户外、体育等多元化的弹幕式互动直播内容。

而今随着电竞赛事的发展，虎牙直播也汇聚了众多世界冠军级战队和主播，并且引入国内外赛事的直播版权，开始深耕独家IP赛事。虎牙的发展不仅于此，还通过明星主播话的方式开展了娱乐直播，并且启动全明星主播战略。已有很多娱乐明星的直播处女秀在虎牙直播完成。

虎牙直播还为国内的直播行业开启了一个崭新的新时代，即全网启用HTML5直播技术，用户不必安装插件，只要打开虎牙直播就可以享受"远离卡顿发烫，1秒即开看直播"的畅快体验。这一技术的革新与优化也使虎牙直播向全市世界证明中国的技术已经达到了世界领先的水平。

在游戏直播方面，虎牙独具特色和优势，这主要体现在以下几点：

1. 主播阵容豪华，战队明星大咖空降平台

虎牙直播以游戏为核心，并以其豪华的阵容俘获了大批"游戏宅"的青睐。主播豪华阵容包括电竞Miss、机孤影、韦神、露娜、4AM战队，明星主播则是实力演员白宇、著名歌手胡夏、孙耀威，以及青春偶像赵越、宁桓宇等。

2. 拥有顶级赛事版权，独家直播视角呈现

虎牙直播拥有多项国际顶级赛事的独播版权和直播，比如王者荣耀KPL职业联赛和英雄联盟的S系列赛、季中赛等。

在2017年12月27日，英雄联盟官方宣布虎牙直播成为2018年LCK独家直播平台。

2018年绝地求生PGI全球邀请赛，虎牙直播不仅拿下官方视角直播版权，而且还拿下4AM、OMG的独家第一视角版权。

3. 打造权威赛事，收割巅峰流量

YSL联赛（YY Stars League）是虎牙直播面向全平台所有优秀主播，以开放、公平、扶持的态度为观众献上的明星级赛事，创立于2013年。在当年举行的首届YSL英雄联盟游戏联赛时，曾创下观看量超过1,000万人次的壮观场面。而随着YSL联赛的扩大化和精品化，各路优质主播也随之应运而生。

除此之外，虎牙直播还有更多的赛事，收割了一批又一批的超高流量，比如天命杯、虎牙直播手游大赛（HMA）、公会争霸赛、王者荣耀全明星联赛等。各种比赛丰富了虎牙直播的内容生态。

虎牙直播还将游戏置于生活中，在2016年，举办了野外技能大赛"寻找中国贝爷"。贝尔·格星尔斯（贝爷）以其生存技能被称为"站在食物链顶端的男人"，虎牙直播据此设置了赛事，以"如果你也想像贝爷一样勇敢冒险，就来挑战"，并且设置了10万元的现金奖给冠军。这一技能大赛，不仅带动了"游戏宅"，还获得大批喜爱户外活动用户的关注。

虎牙直播不仅将目光放在游戏和户外，还将事业落在了户外直播上。其推出的手机开播内容为主的"户外直播"，每天数以万计的普通用户通过手机直播摇身一变成为"户外主播"。如今户外主播已成为发展最快的泛娱乐品类，日活跃量高达1,000万人，各种各样新奇有趣的内容层出不穷，这也使得许多超高人气主播在短时间内涌现出来，甚至吸引了安德罗妮、Miss、陆雪琪、董小飒等明星主播空降开播。虎牙主播创新的这些节目，可以说开创了全球首个户外直播节目。

在2016年，虎牙直播实施的明星主播化战略，通过在游戏中进行直播和娱乐直播，为有实力的明星游戏玩家打造了"亲民现象"，使粉丝也找到了与明星偶像之间的共同点，增加了用户黏性。

经过这一系列的发展，虎牙直播的人气也不断提升。在2018年5月，虎牙在美国纽交所上市，成为中国第一家上市的游戏直播公司。2020年2月11日，虎牙宣布开通在线教育服务。

▶ **内容变现**：如何赢在短视频直播时代

花椒直播：明星属性强的社交平台

花椒是综合直播平台，一开始就以两头并进的方式发展游戏直播和泛娱乐直播。

与斗鱼TV与虎牙直播不同的是，花椒直播是具有强明星属性的社交平台，不仅有众多明星入驻，还有全程直播间面会与明星选举活动等，比如宋仲基台湾粉丝见面会等活动。

这也就使得花椒直播组成了明星、网络红人、普通UGC、普通用户四类人群的用户生态结构。

而通过一系列的造星计划，花椒直播成为移动互联网时代的明星孵化器。这些造星计划打通了普通用户到明星身份转变的通道，使平台的主播成长为"网星"。

比如主播徐大宝参加《美丽俏佳人》录制后，开始作为演员出演影视作品。周然则应邀主持了《超级女声》的海选，何蓝逗借助花椒直播参加超女甚至进入了全国300强，与吴亦凡亲密接触录制超女的音乐视频。人们通过花椒直播成为名副其实的明星，这也使得花椒直播为追星一族提供了捷径，在这个平台，不仅可以观看明星的生活，还有机会成为明星。

在花椒直播还有很多精彩的内容，比如《玛雅说》《马斌读报》《徐德亮讲鬼故事》等上百档节目，这些均为平台主播自制，内容涵盖明星、主持、相声、体育、星座以及心理咨询和选秀等领域。这些内容极大地丰富了花椒主播。也有一些入住的电视台主持人、娱乐明星等在花椒直播表达自身观点。

花椒直播并不仅限于成为一个强属性的社交移动平台，还致力于打造"融"平台，即与合作伙伴开拓一个开放健康的直播生态圈。

目前，花椒直播已经与途牛影视、百合网、型动体育等企业达成合作，并且还与《华西都市报》等传统纸媒、《超级女声》《美丽俏佳人》《大话足球》等热门综艺进行合作，而且还直播了环球小姐和"潘谈会"等重大赛事与创业对话。

这些合作不仅扩大了花椒直播的发展方向，也奠定了用户基础，在增加与用户之间黏性的同时，也为用户带来了视觉盛宴。

在了解了花椒直播后，我们再从以下几点来分析其与众不同的特点。

1. VR直播

花椒直播的VR直播使用户不仅能看到更加真实的3D场景，还采用了渲染层畸变算法处理，使用户在观看的时候减少眩晕感，从而达到更好的沉浸式体验。花椒直播还对网络传输过程和客户端进行编解码优化，无论主播在无线网环境还是4G网络，均能实现VR直播。花椒VR直播采用的是双目摄像头，并且还通过了手机陀螺仪数据以及技术优化处理。

VR直播不仅提升了用户体验，还开启了直播界的先河。

2. 脸萌技术

为了让主播在直播时更加有趣，花椒主播使用了脸萌技术，即通过人脸识别，将帽子、猫咪胡须、兔子耳朵和皇冠等多种道具直接戴在头上或者是出现在用户的脸上，不仅可以直接体现出用户的个性与心情，还能使拍摄的视频更加可爱有趣。

3. 变脸

花椒直播采用高于行业平均水平的特征定点位，针对眼睛、眉毛、嘴角等关键位置的95个特征点进行精准检测，并且专门进行了产品优化，使面具能够在十毫秒之内追求到人的脸部，就算用户移动或者做鬼脸，面具也会精准地定位并且随之变化。

4. 美颜

为了让主播在直播时向粉丝展现自己最好的一面，花椒直播能够对用户的面部进行化妆、美白等。

5. 回放

花椒直播在基于生产的内容丰富且精彩的情况下，为了使用户不错过任何一个直播，支持所有的直播视频回放。

6. 省流量

为了节省主播和用户的流量，花椒直播在主播进行直播时，后台会自动进行视频压缩，粉丝看到的直播视频都是经过处理的，能节省一定的流量。

7. 云存储

用户在看直播视频时，视频会同时上传至云端，不会占用手机内存。

快手：用户量超大的直播平台

快手的前身叫"GIF快手"，诞生于2011年3月，最初是一款用来制作、分享GIF图片的手机应用。

2013年7月，"GIF快手"从工具转型为短视频社区。由于产品转型，应用软件名称中也去掉了"GIF"，改名为"快手"。

随着智能手机的普及和移动流量成本的下降，快手在2015年以后迎来市场。

2017年4月底，快手注册用户超过5亿，日活跃用户6,500万，日均上传短视频数百万条。

2017年11月，快手APP的日活跃用户数已经超过1亿，进入"日活亿级俱乐部"，每天产生超过1,000万条新视频内容。

2018年9月14日，快手宣布以5亿元流量计划，在未来三年投入价值5亿元的流量资源，助力500多个国家级贫困县优质特产推广和销售，帮助当地农户脱贫。9月21日,快手举办首期"幸福乡村说",借由农村短视频网红的特产销售经历,宣传"土味营销学"。

快手直播的主要优势是用户量大。2022年,快手日活跃用户高达2.6亿。

快手直播的劣势是用户消费力相对较低。快手上的用户以小镇青年为主,他们对价格敏感度高。如果目标客户是高端消费者,快手直播可能不太适合。

映客直播:开创全民直播带货先河

映客直播,主打"素人"理念,并且开创了"全民直播"的先河。用户只需拿出手机,即可打开映客一键直播,让全平台的用户一起观看,点赞分享。

有不少原本默默无闻的平民主播在映客这个平台上成为直播营销的"带货小能手"。"二姐Alice"就是其中的佼佼者。

2016年4月28日,GMIC年度盛典颁奖礼上,映客主播"二姐Alice"拿下了"互联网最具人气主播"的季军。"二姐Alice"是映客正当红女主播,自她开启映客直播起,实实在在演绎了一场由草根到当红主播的精彩大变身。

"二姐Alice"曾经是一名舞蹈演员,个性率直,用她自己的话来说就是"有啥说啥,从不掩饰"。二姐在映客直播时也是如此,从不掩饰或者故意讨好粉丝,总是直白地说出自己的想法,她的率直坦荡吸引了大量的粉丝。

2020年1月2日,映客旗下微信直播+美妆垂直类社交电商平台"质在U选"上线,该平台采用每日定时秒杀和拼团的形式。此外,在映客嗨购频道的主播直播类型中,还包括服装、食品等。

2020年3月6日,湖南映客互娱网络信息有限公司发生工商变更,公司经营范围新增物流代理服务,贸易代理,美术品、珠宝、贵金属制品、办公设备的销售等。

可见，映客对"带货"的涉足越来越深入。

淘宝直播：带货大杀器

跟其他直播平台的"直播+带货"形式不同，淘宝直播是"带货+直播"。淘宝开通直播之后，大多数店铺的流量和转化都有明显提升。根据阿里公布的2020财年Q2财报显示，已有超过50%的天猫商家正在通过淘宝直播卖货。

2022年淘宝天猫平台数据显示，"双11"开售第一个小时，102个品牌成交额过亿元，其中国货品牌超过一半；在玩具、宠物、运动户外、珠宝行业中，有358个品牌销售额破亿，3,434个品牌销售额破4万。

淘宝直播有哪些优势呢？

首先，展示更直观。淘宝直播是一种动态的视听直播的过程。相比较之前的网上购物方式是根据图片和文字描述去选择和购买商品的，淘宝直播则可以通过直播的时候展示产品，对于产品的真实性有着极大的提升，在产品的使用中或者是外观上可以体现的细节会比其他的方式好很多。

其次，互动更直接。没有直播时，店主与顾客也能通过阿里旺旺即时互动，但仅限于文字、图片交流。直播互动更直接，传递的信息更丰富，宛如线下导购。

再者，交流更有趣。不少淘宝主播能说会道，在购物的时候不仅是展示产品，还能够娱乐大众。有趣是直播的一项"美德"，在说说笑笑、轻松愉快的氛围中，顾客会更愿意购买。

第四，受众更广泛。直播这种一对多的销售方式，能同时面对海量顾客进行推销与售卖。

第十二章

不同主播的营销效果不同

做直播营销,主播的选择是至关重要的。由企业官方来直播,和由明星、网络红人等来直播,所传达的信息是完全不同的,产生的效果自然也有所区别。那么在什么情况下,该选择什么样的人员进行直播呢?

> 内容变现：如何赢在短视频直播时代

企业官方直播：发布专业信息带动营销

企业通过发布会的形式为自己的产品做推广早已有之，并不罕见。但目前大部分企业的产品发布会由于其形式单一、内容无聊，特别是缺乏与受众的有效互动而基本沦于走过场，历来鲜有为人称道的产品发布会，更谈不上通过产品发布会来起到吸引眼球的效果。

而企业通过直播平台对新产品进行发布，则能打破现今绝大多数产品发布会沉闷的格局，不但能让观众对企业的发布会产生眼前一亮的感觉，更能让企业在与观众的互动中，为自己新产品的后续宣传打开良好局面。

企业借助直播平台专业化的能力对产品的发布会进行直播，相较于单纯的产品发布形式，综合来看主要具有五点优势（如图12-1）。

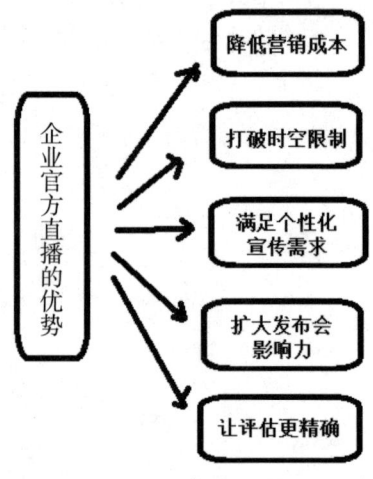

图12-1 企业官方直播的优势

1. **降低营销成本**

通过直播花小钱办大事，这对于对成本一向敏感的企业来说，无疑是一笔极为划算的交易。

2. **打破时空限制**

能够亲自到现场观看产品发布会的观众毕竟是有限的，而通过直播，企业能够让更多因种种原因不能来到发布会现场的观众也能同步了解活动进展。即便当时因工作等原因错过了直播，观众也可以通过直播平台的回访功能重温发布会的盛况。这无疑可以帮助企业通过技术手段突破现实难题。

3. **满足个性化宣传需求**

直播形式的灵活性能满足企业对产品发布形式的个性化需求。目前一些面向B端的第三方直播平台不但可以做到发布会直播过程高清、不卡顿、移动化，而且还开通了网上支付等功能，观众在观看发布会直播的过程中可以随时下单，这无疑能让企业发布会的变现能力大大提高。

4. **扩大发布会影响力**

直播将企业的发布会与网络联通，为企业影响力的扩散提供了多种渠道。例如，企业的宣传推广人员可以将企业直播间的相关链接一键分享至自己的微信朋友圈、公司官网、品牌公众号、企业官微等处。想要了解发布会进展的观众只要点开链接就能同步观看，而且在观看过程中观众还可以和会场人员实时互动，这就在无形中拓展了发布会的传播范围，使更多的人关注到企业的新产品。

5. **让评估更精确**

直播发布会对于企业的积极作用不仅体现在发布会进行过程中，在发布会结束后直播平台的作用仍然不可小觑。因为直播平台可以对直播过程中收集的大数据对企业的发布会呈现效果进行评估和分析，帮助企业研判发布会的得失。直观的数据不但使过去看不见、摸不着的营销效果变得直观可读，而且还有助于企业科学地制定后续的销售计划。

对于想要进行产品发布直播的企业来说，需要特别注意的是以往的新品发布会，主办方可以邀请媒体为自己进行间接的宣传和二次包装，而直播平台的发布完全取决于人气。实际上并不是每一个品牌都拥有雷军这样可以聚集人气的企业家，这就要求发布直播具备一定的话题性。在魅族的一场新品发布会上，主办方就特意邀请了23位女主播为发布会造势，在创造了品牌手机发布会网络红人直播人数最多记录的同时，也创造了关注点。

企业将产品发布会搬到直播平台，其意义不仅在于改变了发布会的传播路径，更重要的一点在于企业将发布会的沟通渠道直接打通。从此以后发布会将不再是企业一方的自说自话，而是观众和企业的多轮互动。当发布会由企业的"单口相声"变成企业、直播平台、观众三方的"群口相声"时，企业的品牌和产品将得到更多的关注。

明星直播：利用粉丝效应打造爆品

如今，明星直播带货的风潮愈演愈烈。2019年，李湘在淘宝直播的月成交销售累计突破1,000万元，微博名都从"主持人李湘"改成了"主播李湘"。在快手上，柳岩和十几位网红以喊麦的方式直播带货，一边喊着"老铁"一边"双击666"，3小时销售1,500万。就连郭富城，也亲自下场推销洗发水，5秒钟卖出16万瓶……

在这之前，大家对明星直播带货的画面简直不敢想象，因为明星在人们心中是充满神秘感的，代表着高端大气上档次，相比之下，卖洗发水这些应该是小网红才做的，可现在事实摆在这里：明星们自带粉丝，带货直播更有优势。对于消费者来说，能够和明星直接互动，花不了太多的钱就能用上明星同款，这种快感在过去连做梦都不敢想。

说到底，这种有些魔幻的错位，就是互联网扁平化带来的结果。明星们看似"降低"了身价，其实一个个赚得盆满钵满，消费者也有钱难买我乐意，商家更是数钱数到手软。

明星直播带货的客观诱因也和大环境有关，比如影视行业的寒潮期。最近两年，受疫情等因素影响，影视行业进入低谷，影视剧数量减产，投资项目减缩，针对明星的"限薪令"政策更是让很多明星收入下降。投资人捂紧了钱包，影视行业也变得冷静起来，过去只要有流量、炒IP就能轻易赚到钱，如今已经行不通，流量明星的流量在影视剧变现的道路上不再受欢迎了。既然无戏可拍，那么直播带货这种形式既能够解决经济问题，还能获得更高的关注度，所以看似是明星掉身价，其实不如说是让直播变得更加高大上了。当然，明星在带动直播的同时也给一些小网红造成了冲击，因为面对这种自带粉丝的竞争者，也不是谁都能顶得住的。

移动互联网的迅速发展，其实改变了人们获取信息的媒介，短视频的崛起成为大众的主要娱乐方式，电商直播带货自然也成为一种新的消费形式，所以明星带货不仅仅是一种谋生手段，也代表着未来的发展趋势。毕竟，明星直播带货也为平台带来了新的流量。包贝尔做了一场直播，1个小时的直播最高人气高达200万，单场粉丝增长了200多万，总榜超过了500万。无独有偶，谢霆锋快手直播首秀当天，不少粉丝在直播间刷出了"我是来看锋哥，注册的快手""以前没看快手，这一次冲着谢霆锋来了"的评论，这意味着平台通过明星抓取了更多的用户。按照这个趋势发展，平台也会加强和明星之间的合作关系，吸引更多的明星入驻。

在2019年4月27日"王者归来，无可祖蓝"直播卖货活动当天，王祖蓝就增粉244.5万，另有两百多万粉丝来自之前发布的活动预热视频。在直播开场之后，3分钟的时间内直播间人气突破100万。根据相关数据显示，王祖蓝直播当晚的平均在线人数都在120万左右，此外更有不菲的打赏收入——当天直播的打赏收入高达300万，其中第一名就刷了103万。这次直播王祖蓝一共销售了7款商品，预计正常销售额突破千万。

想想看，一场直播带来了五百多万的粉丝增量、三百多万的直接收入，以及千万的销售额，这已经不是明星们选择一种养家糊口的被迫之举了，而是比上综艺、拍影视剧带来更多的收益。

抛开明星个人的选择，直播带货的庞大用户基数以及高效的变现模式，其实是在冲击着传统的广告营销模式，比如明星代言，这种缺乏互动、单调死板的方式和直播带货有很大的差别。所以现状就是，直播带货越来越受到品牌青睐，明星们为了巩固自身的商业价值，避免好不容易积攒的人气流失，也找到了新的出口。

当然，明星带货也不是那么一帆风顺，翻车的大有人在。明星在网络上"摆摊"，是一种跨界，也是一种身份转换，需要重新认识自己，找准自己的优势，认清自身的弱点，才能把货卖得更多。比如，服饰穿搭和美妆等产品，明星穿戴整齐往那一站，本身对粉丝就形成了一种吸引力，是挂好了招牌的，种草成活率很高。

抛开明星自带的光环，单从消费者的心理上分析，粉丝们之所以追捧爱豆卖货，也是源于一种强大的信任感，因为哪个明星也不会为了推销假货而毁掉积攒多年的口碑，这就比一些小网红、微商要靠谱得多。而且，当明星和粉丝增加了互动之后，会拉近彼此的距离，让明星变得更加接地气，能够进一步地吸粉。所以，平台、品牌、明星和消费者都能获得好处，这样的营销模式会继续走下去。当然，如何平衡他们之间的关系，怎样让合作效能发挥到最大，这就需要不断去摸索了。

网络红人直播：流量带货谱写营销神话

如今，我们已经见识到了粉丝的消费能力，也看到了电商行业新的营销方式，即网络红人直播。主播的超强带货能力使销售量节节攀高，也使公众看到这种销售方式是传统的营销模式不可比拟的。

但也有不少人对此发出质疑：网络红人主播带货能力真的这么强吗？为何有的企业请了主播进行直播营销，销量却上不去？

通过分析，我们认为带货效果跟4个因素有关（如图12-2）。

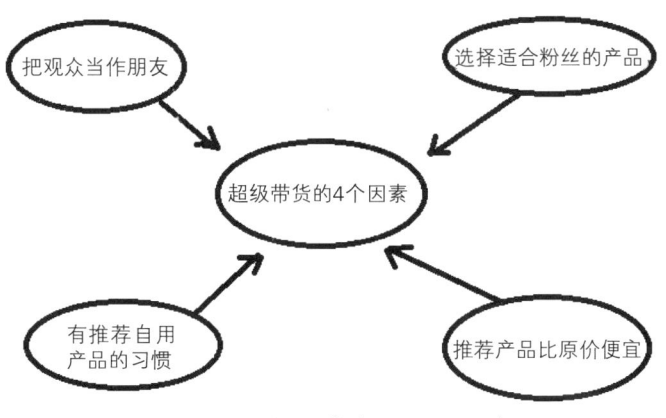

图12-2 超级带货的四个因素

1. 把观众当作朋友

在观看直播时我们发现，带货能力强的主播不像一个销售，更像是一个朋友。当我们在线下走入实体店时，导购员便主动一路跟着，无论消费者的眼光落在哪一件商品上，她都喋喋不休地介绍着。这给消费者造成了极大的不舒服，让人恨不得赶紧离开店铺。但是，如果和朋友一起走进去，当朋友说这个商品她用过，并且介绍效果时，我们几乎不会产生反感。

很多时候，当朋友推荐产品时，很多人会主动询问朋友产品在何处购买。因为朋友是值得相信的，而消费者对于导购人员却有一种不信任感——

她们之所以推荐，是与提成挂钩。

好的主播在直播时，通常会将自己的使用心得告诉消费者，并且说出它的优点。当消费者看到和听到主播的推荐后，会不由自主地下单购买。而当消费在购买产品后，有了较好的使用心得，便会长期关注这个主播，并且不自觉地信赖他所推荐的产品。

2. 有推荐自用产品的习惯

带货能力强的主播一般平时也有分享产品的习惯，如果一位主播平时没有分享过自己喜欢的产品，突然让他去推荐某件产品，粉丝就会察觉出这是一场营销，会立即反感这位主播。网络红人主播一般是在某个特定的领域有影响力的人物，而其能分享的产品也是该领域的，如果超出那个范围，就会给消费者带来不适。

这一点我们可以拿美妆主播举例，一般的美妆主播在生活中也会给粉丝推荐一些比较好用的产品，而在进行直播时，推荐美妆类的产品更容易被粉丝接受。

3. 选择适合粉丝的产品

主播确定要在直播间营销某产品时，首先需要确定的是这类产品的消费群体，就以主播分享自己的服装穿搭为例。当主播确定了要合作的商家时，也需要从商家的众多服饰中挑选出符合自己粉丝心理定位的产品，而不是盲目地进行营销。粉丝群体能承受的价位、所喜欢的风格，都是主播需要考虑的因素。

如果主播只是盲目推荐，没有使用产品，也没有进行预选，只是对产品进行泛泛地介绍，很难得到粉丝的信任。

通过直播销售产品，粉丝拿到实物发现很好用，便有可能成为忠实粉丝；如果不好用，主播的人气则会大打折扣，进而影响到品牌。

4. 推荐产品比原价便宜

一般情况下，主播介绍产品的方式有两种，一种是日常"种草"，另一种是淘宝直播活动。那么两种产品要如何区分呢？

日常种草一般是通过文章和小视频向粉丝推荐自己的使用心得等。这种方式一般容易受到粉丝的青睐，大多粉丝都有这样的心理，即"你既然在用，必然是好的"，也有的人会追求"同款心理"。

而淘宝直播活动则是与商家联系，在收到产品的样品后，配合商家的店铺优惠进行的直播活动，比如"双十一"等节日，一般会有相关的优惠券放送。粉丝在观看直播时，主播会在直播界面发放优惠券，或者在直播中开展秒杀等活动。很多粉丝看到这类活动就会不由自主地选择购买。

从很多网络红人的案例中，我们也可以看出，直播营销必然成为未来的营销趋势。企业要想发展，就需要通过网络红人直播带动产品销量，切不可错过这个时机。

在各种直播平台兴起的今天，想要寻找优质的网络红人并不难，可以根据自身品牌特色进行筛选，寻找一个适合自己品牌及产品的网络红人，创造产品销量的高峰。

有的企业也曾和主播合作过，但是没有达成更高的转化率，原因在于主播没有带货经验，或者是主播的定位与产品和品牌不符合。只有找对了主播，产品才有爆红的可能。所以企业在寻找主播时，不能贸然认为只要红就可以，还需要考虑到主播与产品和受众的契合度。

素人直播：以专业取胜

除了明星和网络红人可以进行直播营销以外，素人主播也可以通过直播营销带货。直播并不是网络红人和明星的专利，其实素人虽然没有上镜经验，但也有可能带货成功。

在这里，我们就来看几个素人直播营销的案例。

1. 京东员工直播营销

在京东的直播平台上，出现过一些不按常理出牌的主播，他们与普通主播不一样，这些人大多是素人，即不是网络红人和主播。他们没有过多的肢体语言和煽动性的话术，而是以专业的知识和丰富的采购经验收获了一大批粉丝。

这些主播均在胸前佩戴京东的员工卡，手里则拿着京东自营产品。也有不少用户对此产生疑惑：京东难道招聘了一批新的主播？后经京东相关人员证实，才知道这些主播是京东的正式员工。他们不是专职主播，而是各个品类部门负责采销工作的资深员工。

这些采销经理并不是专职主播，但是却有着丰富的采购经验，他们与众不同的直播方式也成为直播行业一道不一样的风景线。但京东对于直播的尝试不仅于此，有消息称，京东正在与各大MCN机构合作孵化平台带货达人，即"京品推荐官"，之所以这样做，目的是打造属于京东自己的"京东自营推荐官"。

但值得为人称道的是，京东将采销经理们推进直播间，他们对于产品有足够的了解，唯有了解产品，才能知道消费者对它的期待，才能更好地将它介绍给消费者。

在直播带货领域，网络红人之所以能取得不俗的成绩，一是观看直播的用户能通过他们更加直观地了解商品，进而产生购买行为；另一个原因是网络红人也有粉丝效应。但其实在这条供应链上，除了品牌厂商，最了解产品的人并不是网络红人，而是各个渠道的采购员。

京东的采销经理直播也提醒了企业主，采购人员有着丰富的采购经验，而且熟悉厂商及品牌的情况，如果他们能出现在直播间，对于产品的讲述，必然要强于网络红人和明星。

就以懂电脑数码事业的工作人员"NV哥"董阔举例。他作为电脑产品知名关键意见领袖（KOL），又是硬件达人元老，在微博和抖音等社交平台拥有3万粉丝。

NV哥早期在BBS分享高端硬件晒单和组装电脑教程的文章，彼时已是备受关注，并且他还成功地帮助了很多装机爱好者，甚至被英特尔、英伟达、雷神、华硕、AMD等十余家知名厂商邀请出席新品发布会直播，累计观看人数超150万人次。但是他的发展也并不仅于此，他还曾将制作的视频栏目《IT达人秀》和《攒机攻略》在京东站内及视频网站发布，累计播放量达700万次。NV哥以专业风趣的内容为资深用户和电脑小白"种草"电脑产品，他对行业的热爱和专业度也受到了业界的肯定。

京东自营推荐官的初衷是让消费者买到放心的产品，而将性价比高的产品通过专业采销人员的直播推荐给消费者，只是京东的一次尝试。虽然直播营销的方式对于采销人员而言，只是将工作场地转移到了直播现场，并借助直播平台，将选择产品的秘诀与产品的特点，甚至是一些潜在的规则分享给消费者，并给消费者提供选购的建议，但是对于消费者来说，这种直播方式具有较高的真实性。采销人员与网络红人的区别就是，他们没有粉丝光环，他们能做的，就是倾囊相授。

京东推荐官的出现是素人直播的一大特色。他们所有的经验都来自真金白银的投入和万千产品之间的对比，他们常年在各自的领域与各大品牌接触，在走近产品一线的同时还需要洞悉消费者的心理。也正因如此，他们推荐产品时虽然没有专业主播的气场，却依然备受消费者喜欢。

"京品推荐官"是京东基于现在的网络红人经济的布局，而"京东自营推荐官"则是京东在直播带货模式上的全新尝试。无论是哪一种，对于直播和京东都是创新。

直播之所以能被大众接受，其实最重要的原因是在互联网时代的当下，越来越多的消费者愿意通过在线的方式看到购物者在真实情境下分享购物体验。无论是网络红人，还是"京东自营推荐官"，他们都能给予消费者直观的购物体验，只是二者的角度不同。在直播的发展过程中，必然还会有类似于"京东自营推荐官"之类的策划不断涌现。

2. 法官直播司法拍卖

全国多家法院已经联合阿里拍卖开始了司法网的直播活动，在2019年的"双十二"期间更是创造了一个小时热销一亿的战绩。这些从未直播过的法官走入直播间，并且销售额也接近网络红人。

以某法院的A法官为例。A法官在阿里拍卖的一场直播中，为了让消费者能够了解标的物，亲自当起了模特，展示拍卖物。虽然他们直播的方法或许不如专业主播，但是其做法却让不少消费者为其点赞。

在直播的过程中，A法官们还不忘为消费者们讲解法律知识，在展示拍卖物的同时，也提高了消费者的法律意识和素养。有不少消费者表示，这样别开生面的司法拍卖，更像一次普法教育。

随着直播业的发展，法院选择网络直播拍卖其实也是顺应了时代的发展。各级人民法院为了更好地实现司法为民、公正司法，纷纷开始探索各种形式的拍卖。其实阿里拍卖多年前就已为各地法院提供了这一免费平台来协助司法拍卖，但进行直播拍卖则是最近才有的事。

拍卖通过直播的形式，其实是司法公开化、多样化的体现。在过去，很多标的物由于缺乏可供宣传的平台，导致估值严重缩水，损害了司法当事人的合法权益。而法官直播带货这种形式，使法官及标的物都能走进公众的视野，并且成为以司法公信力为背景开展的网络拍卖新形态。

司法拍卖一直以来都比较封闭，因为传统的司法拍卖存在佣金高、周期长、受众面窄等问题，而现在通过直播进行司法拍卖，上述问题均能得到有效缓解。

所有拍卖的过程都在广大网民的监督之下进行，每一个消费者都能通过视频见证司法执行得是否公开透明。这是司法拍卖的一次大胆且有意义的尝试。

3. 直播带货的副县长

商河80后博士副县长王帅，为了推销扒鸡走进了直播间。他表情夸张，一口接一口吃着扒鸡，一时圈粉无数，很快就销售了3万只扒鸡。在大家的点赞和转发中，扒鸡的销量节节攀高。平时半年才能卖到的销量，通过视频直播，一天之内就实现了。

商河县是山东省首批12个"村播计划"试点县之一，也是济南当时唯一一个淘宝村播试点县。这类直播在商河已经司空见惯，最高的在线人数高达130万人。王帅并不是商河县直播卖货的第一人，在2019年1月，商河县副县长陈晓东在网上卖商河年货，成为山东省第一个尝鲜"网络红人"的副县长。他创下了"10秒卖出100个瓜""1小时销售额突破20万"的直播销售记录。

有很多人对于镜头都有点畏惧，面对镜头时会感觉四肢都不是自己的，甚至说话也会结结巴巴，王帅也是如此。但是为了带动销量，他在每次直播之前，都会研究其他主播的直播方式，并分析销售数据，了解什么样的产品比较好卖，什么样的包装更受消费者的青睐，并且还要了解自己所推荐的产品具有哪些优点，对于这些产品，消费更想知道的是什么，如果自己是消费者，会想要了解什么。只有完全摸透商品的特点后，才会进行拍摄。

王帅的视频之所以能被公众喜欢，不仅仅是他善于学习其他主播，更是因为他用更加优质的内容将用户留了下来，并促使他们完成了消费。

2019年8月的中国淘宝村高峰论坛上，王帅在一个网络红人的直播间里，做了一期针对商河县的专场公益扶贫直播。直播时间只有20分钟，但下单量却超过了2万单，而销量高达60多万元。从王帅的身上，我们可以看到直播的发展并不仅限于网络红人，只要找准了方法，普通人也可以将产品卖出去。

素人王帅从一个直播小白走向网络红人，他的故事值得所有的企业主借鉴。如果一个企业，没有与网络红人或者明星合作的资金储备，可以通过自己的人员储备寻找更加适合的方式。直播营销是当今时代发展的产物，在未来直播营销定将成为营销的重要组成部分，要如何把握这一机遇，在于企业主是否对市场有足够的掌控力。

一种新媒介的出现，总是会导致一场营销革命。可以毫不犹豫地说，直播营销之所以能快速受到大众的认可，就在于它的特殊性，而恰当利用直播营销，就能使这场媒介变革成为企业经营发展的助推器。

第十三章

直播营销需要做哪些准备

不打无准备之仗。直播开始之前，主播需要提前了解一些注意事项，比如，这场直播的观众定位，他们喜欢看的是哪种类型的内容，他们看这场直播的目的是什么，作为主播自己应该怎么样做，等等。

只有了解了这些基本情况，再充分地迎合观众，主播才能达到自己做直播的目的。

如果没有提前了解，那么在做直播时，就会不可避免地造成不知道说什么的尴尬场面，这不仅会流失粉丝，更会对品牌产生一定的影响。

▶ **内容变现：**如何赢在短视频直播时代

直播营销的3种模式

经过前期的野蛮生长，现在视频直播也有了详细的分类，主要可分为秀场模式、游戏模式和泛生活模式3大类。

1. 秀场模式

目前最知名的直播模式就是秀场模式。秀场模式衍生于视频聊天室。

有不少人认为秀场模式是美色经济，即利用美色吸引男性用户，形成吸引客户—激励客户—用户付费的完成供应链。然而并非如此，秀场模式的主播一般是帅哥美女，以高颜值配合才艺的方式，通过聊天、唱歌、跳舞等内容吸引大量用户。

这种模式一般出现在以聊天室为单位的直播平台，并且这种平台与之前半封闭式的聊天室完全不同，现在的平台大多是半私密属性，并且还能自动设置粉丝参与的权限。而且目前大多数的直播秀场主打多观众、大舞台、开放性的路线。

现在的秀场模式中，国家监督机制已经杜绝了一些主播们的出格表演，所以并没有所谓的美色吸引。有调查显示，在秀场模式中，男性主播占据成功主播中的大部分。那么，必然有人好奇，到底是什么吸引那么多观众参与到秀场模式中来呢？

其实答案很简单，即归属感。

黎万强说过，年轻一代人看中的是参与感，他们并不满足于看到你、摸到你，而要能够参与进来，与你一起成长。最明显的例子就是主播参加活动，再带动粉丝进行拉票。这个时候，粉丝的身份已经由原来的艺人和粉丝变为了患难与共的队友。

正是这种模式提高了粉丝的归属感，进而增加了粉丝与直播平台的黏性。也正因为如此，秀场模式才能吸引到如此多的观众参与进来。

虽然在秀场模式中，主播可能会有同明星一般的待遇，但是他们与明星之间依然有着本质上的区别。

即，粉丝通过与主播经常性地展开互动，可以在主播进行直播时进行评论，而主播也会根据粉丝的要求表演相关的内容。在秀场模式中，粉丝和主播是互动的。但是在现实生活中，粉丝和明星之间的沟通只能通过第三方的媒介，粉丝无权要求明星做任何事，但是粉丝却要为明星的某些活动埋单。并且主播不需要包装，他们的身份即是主播，可以随时随地进行直播，为平台添砖加瓦。

主播和明星获得报酬的方式也是不一样的，主播的报酬来源于粉丝的打赏，以及与直播平台签约等方式，而明星获得报酬的时间长，拿到报酬的方式也较为复杂。

秀场模式的方式充分地挖掘了每一位粉丝的付费意愿，在拉近粉丝与主播距离的同时，也增加了平台与粉丝之间的融合性。

2. 电竞模式

在以前，玩游戏的人会被称为玩物丧志，而在当代，只要游戏玩得好，不仅能轻松养活自己，甚至还能养活家人。喜欢游戏的玩家对于游戏玩得好的主播，根本不吝啬打赏，看到激动之处狂刷礼物。也正因为有一大批人喜欢玩游戏，并且不在乎投入的金额大小，使得游戏直播成为最赚钱的直播之一。

根据《2022年亚洲电竞运动行业发展报告》显示，2022年中国电竞用户预计达到4.5亿，比2019年增长1亿。全球电竞赛事营收规模将达到13.84亿美元,到2025年,这一数字将超过18亿美元。分析发现,在职业赛事关注上,电竞赛仅排在"国球"乒乓球赛之后,位列第二;在业余赛事参与上,电竞赛排在第五位,临近均值,电竞赛事体现出"高关注度、中参与度"特征。这种关注与参与的偏差恰好说明,电竞赛事大众参与有进一步提升的可能性,而做好电竞产业的基础建设工作,为大众参与电竞降低门槛,对于推动大众参与至关重要。

从这些数据我们可以看出,游戏模式在直播平台越来越受欢迎。平台也越来越注重游戏直播这一板块。

游戏直播模式与其他的平台不一样,所以收入也有所区别。游戏直播模式主要是依靠广告、游戏和虚拟道具来盈利。

和秀场直播相比,游戏直播模式虽然出现得比较晚,但因为其具有独特的趣味性和高黏性等优势,赢得了许多游戏迷的支持。并且游戏直播模式不仅拯救了被主流行业排斥在外的电竞行业,还借此使游戏直播称为直播产业中不可忽视的一股力量。在目前的三种模式中,游戏模式受欢迎的程度仅次于秀场模式。

3. 泛生活模式

在秀场模式和游戏模式之外,原本属于小众直播的泛生活模式悄悄盛行。当人们开始注重分享与陪伴时,其也被称为视频直播的新动力。越来越多的人希望将自己的生活搬到摄像头前,这就是在移动浪潮之下诞生的泛生活模式。

现在,随着网络直播向移动端的迁徙,泛生活模式已然从小众行为变成大众行为。其之所以能迅速崛起,就在于泛生活模式直播的受众投递精准,可以满足现代人的需求,所以占据了极高的市场率。并且还以直播与广告营销结合的方式,带动了更加丰富的盈利模式。

移动互联网的浪潮推动着泛生活模式的发展,然而值得注意的是,泛生活模式在内容上依然需要进行监管,如果没有限制地进行直播,那么必然会使得平台也走向淹没。如果能对这一问题进行管控，泛生活模式的发展之路必然更加宽阔。

主播如何选对服装颜色

主播在选择颜色时应当做到主次分明，而对主色的选择应当依据自身的肤色来定，毕竟不是所有的颜色适合所有的人。我们虽然属于黄种人，肤色总体偏黄，但根据肤色的色彩偏向又可以分为几种：偏白、偏黑、偏黄、偏红。根据不同的肤色倾向，应搭配不同的服装色彩，这样才有助于塑造主播的最佳形象。以下是不同肤色的服装选配。

1. 肤色偏白

肤色偏白的人选择色彩时能够搭配多种颜色，但需要这些主播注意的是，尽管选择色彩的范围比较宽泛，但是为了自己的面部看上去有血色，不要显得苍白，还是应尽量避开纯白等冷色调。

2. 肤色偏黑

肤色偏黑的主播适合纯度较高的深色，但在使用鲜亮的紫蓝两色时要保持谨慎。至于浅黄、粉红等明亮的浅色则应当避免使用。因为当肤色偏黑的主播选择了较明亮的色彩时，自身的肤色会因为强烈的对比而显得更深。此外，金、银色调颜色单一，同样适合肤色偏黑的主播。

3. 肤色偏黄

肤色偏黄的主播为了避免脸部呈现出面黄肌瘦的菜色，应当避免使用绿色，同时由于紫色会和黄色形成互补，造成面部暗沉，所以肤色偏黄的主播也不适合紫色。此类主播适合白色、灰色等浅色柔和色调，还可适当点缀鲜亮色彩。

4. 肤色偏红

肤色偏红的主播应当使用深浅灰、浅驼、浅蓝等色,同时谨慎使用暖色。而绿色作为红色的互补色,一旦同时使用会使红色显得更加突出,造成很不协调的对比,所以为了使这部分主播看起来不显得艳俗,应当避免鲜亮的绿色。

选好了主色调,接下来还应选好恰当的点缀色,只有两种颜色做到相辅相成,色彩的魔力才会发挥到最佳状态。

主色为淡色应当搭配的点缀色,如表1-1所示:

表1-1 主色为淡色应当搭配的点缀色

主色（淡色）	搭配色
白色	所有深色、鲜艳的色彩
浅米色	黑色、红色、褐色、绿色
浅灰色	褐色、红色、深绿色、深灰色
天蓝色	褐色、紫色、米色、深绿色、深红色
粉色	米色、紫色、灰色、藏青色
浅黄色	黑色、褐色、灰色、藏青色
浅紫色	褐色、深紫色、藏青色
浅绿色	红色、深绿色

主色为深色应当搭配的点缀色,如表1-2所示:

表1-2 主色为深色应当搭配的点缀色

主色（深色）	搭配色
黑色	米色、白色、粉色、柠檬黄、天蓝色
褐色	白色、米色、黑色、橙红、橙绿、深绿色
深灰色	所有浅色和艳色
藏青色	白色、紫色、紫红、鲜绿、柠檬黄、紫松色

续表

主色（深色）	搭配色
深绿色	白色、米色、天蓝色、鲜红色、浅黄色
深紫色	天蓝色
深红色	褐色、米色、天蓝色

主色为鲜艳色应当搭配的点缀色，如表1-3所示：

表1-3 主色为鲜艳色应当搭配的点缀色

主色（鲜艳色）	搭配色
蓝色（泛紫）	黑色、白色、鲜绿色
绿松色（蓝色泛绿）	白色、棕黄色、藏青色
绿色（偏蓝）	白色、黑色、藏青色
绿色（偏黄）	白色、米色、棕黄色
金黄色	白色、黑色、褐色
柠檬色	白色、黑色、橙色、深绿色、淡粉、藏青
橙色	白色、黑色、柠檬色、深绿色
紫红色	白色、藏青色
新红色（朱红色）	白色、褐色
紫色	白色、褐色、粉色、天蓝色、绿松色

最后，当你实在不知道该如何搭配颜色的时候，还有以下两个规则可以一试。

原则一：全身色彩以三种颜色为佳。当你并不了解自己风格的时候，不超过三种颜色的穿着，能够让你不出大错。一般整体颜色越少，就越能体现优雅的气质，并给观众鲜明清晰的印象。

原则二：色彩搭配有主次之分。全身服饰色彩的搭配的面积要避免1∶1，尤其是穿着的对比色。一般以3∶2或5∶3为宜。

> 内容变现：如何赢在短视频直播时代

永不过时的几种衣服搭配

讲究的搭配可以提升主播的气质，不合时宜的着装则会使主播的形象大打折扣。下面就从男女两个角度给大家介绍几款搭配：

1. **男主播**

（1）连帽卫衣+运动裤+板鞋

套头卫衣休闲运动的版型设计，具有校园气质的衬衣款式，凸显超强的时尚感，下装穿搭运动棉质长裤，展现校园达人气质，衬托上装卫衣与衬衫款式搭配的风格，再穿一双板鞋，这种男装圆领卫衣搭配的整体画面就是在塑造一个气质男。

（2）半开襟短袖T恤+军绿休闲裤

半开襟短袖T恤本身具有大多数T恤衫贴身凉快的优点，同时还能展现出男士健壮宽广的胸肌，给人以时尚、立体的感觉，在直播间穿着这样一件衣服，会令男主播变得成熟而有魅力。而军绿色休闲裤和短袖T恤的搭配则成就了一种经典款式，因为这样的搭配将衣服的颜色和款式完美地协调在了一起。

（3）格子衫+白长裤+小白鞋

休闲中又透着十足型男味道的搭配，绿色、白色、灰色的格子交织，搭配一条白色的长裤，再加上小白鞋，干干净净的风格着实让人着迷。

2. **女主播**

（1）淑女风的夏季长裙搭配

凸显气质又很优雅的长裙适合走成熟知性路线的主播，经典的小黑裙可谓超级百搭，腰间有镂空设计，时尚而又性感，并且超级显瘦显身材，穿上身很有女神的气质，脚上搭配一双裸色高跟鞋，极具时尚感，再手提一个立体复古的小包包，超级有范。

收腰百搭修身的连衣裙款式会让你在直播过程中尽显女神风范，简约而不简单的设计让人过目不忘，配上复古穿法的袜子与尖头鞋更具摩登感！

（2）白T恤搭配短裙

小清新的搭配总是能第一时间吸引观众的眼球，如果你认为自身的气质适合小清新的装扮，那么一定不要不错过这款小清新搭配，白T+短裙清凉而又好看。

这是完全不挑身材的装扮。将白T恤的一角随意扎进裙子里，优化了身材的比例，显瘦的同时又显高，即便脚下踩着一双平底鞋也不用担心。再加上田园风小清新的碎花半身裙，这么好看的一款裙子，相信很多喜欢田园风的观众都会喜欢的，高腰设计，能够很好拉长身材比例，配上腰带，显得更加好看。

（3）短款T恤+牛仔半身裙

女主播要想充分显示自己的形体美，短款T、短裙都穿起来就对了，这身甜美又清爽的搭配，观众们难道不喜欢？可爱的短T，搭配不规则的牛仔半身裙，显高又显瘦。

特别是个头较矮的女生适合这种搭配，因为穿短款的上衣会使身材比例得到拉长，再加上一双随性的懒人鞋，无论是穿上去还是看上去，都会给人很舒服的感觉。如果你是牛仔控，那么这款牛仔半身裙更能显瘦遮肉，最为特别的当然是裙摆处不规则的设计，怎么看怎么显得有个性。

不同场景下的机器配置

主播需要明确的是，直播并不是随手拍一段视频，还需要专业的设备进行后台支撑，并且不同的场景需要用到的机器配置也是不一样的。

1. 室内直播

通常我们所见到的室内直播分为两种，一种是用手机进行直播，另一种则是利用电脑进行直播。

（1）手机直播

在移动互联网时代的今天，利用手机进行直播的用户越来越多，对于这类群体来说，直播时的配置应该按照以下几点进行。

需要提前准备一台运行速度快、像素高的手机，这样才能保证直播时画面可以达到最佳的状态。如果想要自己的声音变得更加动听，或者是在直播的过程中使声音呈现多种效果，主播还需要准备一张手机直播声卡。另外还需要准备的是电容麦克风。这种麦克风就有体积小、重量轻的优势，如果主播需要走动或者唱歌、跳舞等，就一定要准备电容麦克风。但是需要注意的是，要距离话筒远一些，以防喷麦，即录音时距离话筒太近，嘴里喷出的气息使话筒噗噗作响，影响录音效果。

（2）电脑直播

使用电脑直播的主播，需要购置一台台式电脑，配置要稍微高一些，还需要准备两个显示器，一个用来做直播，另外一个用来与粉丝交流互动。

与手机直播相同的是，电脑直播也要准备麦克风，这是电脑直播时的必备装置，无论是唱歌还是说话都必不可少。另外还需要准备清晰的摄像头。

室内直播是直播中最为常见的一种直播方式，选择正确的直播机器，是迈出网络直播关键的第一步。

2. 室外直播

室外直播是最为简单的直播方式，主播不需要准备过多的机器设备。如果利用手机进行直播，只需要准备充电宝、三脚架和自拍杆等就可以了。如果是用电脑，那么一定要选择轻便的电脑，其他的设备和室内相同，即摄像头、声卡、耳机、话筒等。

室外直播最重要的是简单轻便,所以建议选择手机进行直播。

但是,无论是室外直播还是室内直播,要想直播效果好,高端的配置是必不可少的。主播可以根据具体情况进行选择。

第十四章

直播营销的低成本获客秘诀

> 愈来愈高的获客成本，成为企业不堪承受的重负。而直播正处于高速发展阶段，垄断格局尚未形成，企业还有低成本获取流量的机会。同时直播本身具有的草根属性，使得企业在进行直播营销的过程中不必花费巨额资金聘请明星大腕做代言，有必要的话，让公司老总、企业员工甚至消费者自己做主播都是完全可行的。

▶ 内容变现：如何赢在短视频直播时代

发布企业日常，塑造品牌形象

作为中国新媒体产业的最前沿，从世纪之初的蹒跚学步，到今天的高速发展，各大直播平台已经积累了大量的用户数量。而这些观看直播的用户往往都是有一定购买力且娱乐精神较强的青年，往往也是各类企业产品的消费主体。就像人们看待素颜与化妆之间的关系一样，相较于包装华丽的宣传大片，这些年轻消费者似乎更想关注企业在平日里的表现。

因此，在规模庞大的用户基础和传播效应的驱动下，直播已成为当今时代企业自我宣传的最佳窗口。

直播能够让企业放下对成本的担忧，多层次地向消费者推广品牌知名度，以独辟蹊径的方式激发消费者的兴趣。从目前一些企业在宣传自身经营日常的案例中，我们可以一睹直播对企业社会形象的巨大塑造效应。

首先，我们先来看看万达集团的做法。

在雷军和周鸿祎等互联网巨头们率先加入直播、开企业日常直播先河的时候，实体经济的代表、房地产巨头万达也不甘落后，立即跟进。2016年年中，万达集团和花椒直播宣布进行深入的战略合作，万达集团整体入驻花椒直播，开通专属万达的企业直播间，向观众全面展现万达的企业文化。通过直播，人们不仅可以看到万达的战略发布会，而且还能一睹万达员工食堂和宿舍的真貌。

不仅如此，作为万达领军者的王健林还率先垂范，多次通过直播的方式，向观众展示自己企业的方方面面。在某年万达的年会上，王健林就在直播过程中以一首《西海情歌》征服了网民，被很多观众戏称为"灵魂歌手"。

万达和王健林通过直播，让许多观众看到了一个有血有肉的万达集团。这种通过向观众展示企业真实自然的表现，继而宣传企业自身形象的行为，在观众看来毫不做作，受众的接受度也较高，不得不让人佩服。

除了地产行业的万达，餐饮行业知名平台"饿了么"也做了相关的尝试。

2016年6月7日，国内著名网上外卖订餐平台"饿了么"三位创始人张旭豪、康嘉、张雪峰进驻YY直播，又一次树立了企业日常和直播相结合的典型。

在YY直播上，三位创始人和观众亲密互动，不但和网友一起分享了企业初创时的"青葱岁月"，还做起了"导游"，带领观众游览了饿了么公司总部，向观众全面展示这一"外卖帝国"的神秘内在。

就在饿了么三位创始人通过YY直播带着观众参观公司总部的当晚，直播间已吸引了几十万满怀好奇的网友，很多观众通过弹幕、留言等方式纷纷表达了自己对"饿了么"的全新认识。有的观众说今晚总算亲眼看到了自己饮食父母的真容，有的观众则为"饿了么"如此接地气的表演而拍手叫好。

在饿了么创始人之一康嘉看来，之所以要选择直播作为企业首次向公众开放的宣传媒介，是因为饿了么是一家"网络+食品"的企业，饿了么的目标人群就是爱吃爱玩的职场新人，这与直播平台的主要用户群体高度契合。饿了么希望通过直播这一全新的社交方式，让大众印象中的饿了么品牌更亲民，让年轻人心目中的饿了么更为贴近自己的生活。事实证明，他们的目的达到了。

直播的即时性使得它能在较短的时间里协助企业取得观众的信任与好感，继而提高用户对品牌的美誉度。在不远的将来，当企业的公关人员讨论如何塑造企业形象时，部门领导叮嘱下属的将不再是发朋友圈，而很可能是上直播。

实事求是地讲，花椒、YY、映客等新型在线直播平台的崛起，并不意味着微博、微信等传统企业网上营销形式会走向终结，由于功能属性各异，在未来相当长的一段时间中，直播、微信、微博三方大概率仍会延续并驾齐驱的态势，共同构成企业在品牌营销中最为倚重的三个宣传阵地。

可以想见，在雷军、王健林等企业家的示范引领作用下，未来会有更多的企业选择通过直播来宣传自己的企业日常。无论是互联网企业还是实体企业，通过直播进行自我宣传，可以说是未来企业品牌营销的一种趋势。不只是年会，公司产品的生产环境、员工的工作状态等都可以经直播平台向所有观众展示，这种大胆凌厉的宣传方式就像九十年代末的房地产一样，谁先做，谁就能抢占先机，获得更高的品牌价值。

深度互动，充分黏住忠实粉丝

尽管当前的直播营销仍处在初步探索时期，但业内已经达成了一点共识：直播最显著的优势在于它能为用户带来更直观、更形象的使用体验，甚至能够做到零距离沟通，这是其他传播形式望尘莫及的。聊天、打赏、投票等互动方式对于直播这种潜力无限的媒体形式来讲仍然只是浮于表面，它们并没有把直播实时互动的价值榨取到极致。

纵览目前各类品牌的直播营销模式，大部分还是局限在现场互动、老总登场、明星站台、低价促销等手法中，总是缺乏一定的思维跳跃性。"搞事情，博关注"的嫌疑更大一些，而营销战术却相对较弱，无法形成对消费者的黏性。在此情况下，将企业在直播平台上的宣传推广活动引向深入就显得很有必要了。

企业之所以要通过在直播平台上和用户进行深层次的沟通和互动,这归根到底是互联网在发展过程中所呈现出的两种趋势相互融合的产物。

1. 直播范围扩展

在线直播范围和层次正以令人瞠目的速度拓展,我们现在已经可以看到,诸如斗鱼、花椒、映客等大型直播平台上的直播内容是多么的丰富。当直播进入"泛生活化"时代,连个人的衣食住行都可以通过直播进行呈现,那么企业在直播平台上还有什么不能做的呢?所以,未来的企业直播营销将不再是企业在直播间打广告那么简单,未来在直播平台上,品牌宣传与百姓生活、游戏、高科技等充分结合几乎是一个必然方向。

2. 消费体验升级

社会在进步,科技在发展,生活水平整体向好的消费者自然不会降低对消费体验的要求。因此企业想要让消费者仅仅满足于对企业产品本身的认可是远远不够的,企业产品的体验升级趋势不可阻挡。当传统的体验模式遇到了一个瓶颈,企业就必须想办法进一步从各个维度提升用户的消费体验,而通过不断翻新的直播形式,企业能够让消费者感受到产品从研发到销售最后到售后服务的全套过程,在持续深入的互动中强化消费者对品牌的感性认识和理性认同。

在这两个大趋势的共同推动下,企业通过直播平台和消费者进行更为深入的互动基本上是一件不可避免的事。

当企业的直播营销进入深水区,倘若企业的宣传还局限于走马观花似的简单推广,那必然会落后于直播营销的新时代。要想取得良好的营销效果,不仅需要企业在直播前大造声势,制造噱头,更需要在直播过程中让受众饶有趣味地参与到直播的过程中,不仅要让观众获得视觉、听觉的感官刺激,更要直击观众的心灵,目前来看直播正是满足企业这种需求的最佳手段。

然而知易行难,在过去传播途径有限、信息高度集中的年代,能俘虏消费者的成功营销案例尚且少之又少，到了今天这个信息大爆炸，流量高度离散化的时代，要想将观众的好感牢牢抓住更是难上加难。但是只要企业营销人员在平时注意留心观察，在直播营销过程中多做总结，总能够抓住和观众深入互动的机会。

第十五章

企业主播如何快速涨粉

> 作为企业主播,必须面对的一个重要问题就是:怎样快速涨粉?
>
> 在直播营销中,粉丝具有无可替代的重要地位,粉丝的多少、粉丝的忠诚度,都直接影响产品的销量。所以在直播营销中,你必须懂得如何吸引关注,赢得青睐,黏住粉丝。

▶ **内容变现：**如何赢在短视频直播时代

新主播如何冷启动

在直播营销的最初时期，主播要如何吸引第一批用户？

一般情况下，当主播选择好适合产品的平台，并且完成注册后，就需要面对这一问题：如何吸引更多用户来观看？

对于没有人气也没有粉丝的主播来说，可采取以下4个方法来吸引用户（如图15-1），以完成第一次直播的冷启动。

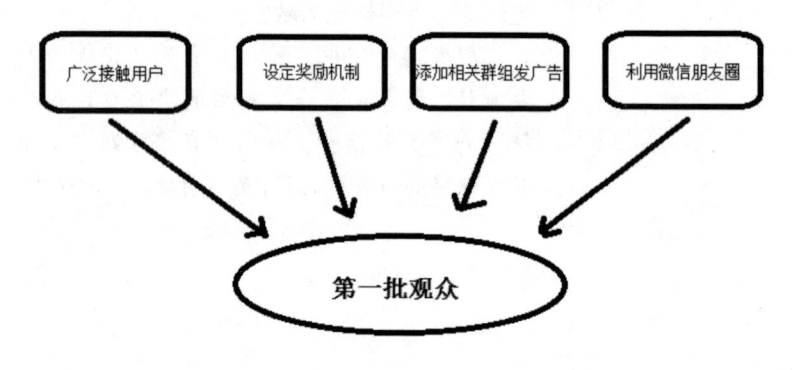

图15-1 新主播如何冷启动

1. 广泛接触用户

在进行直播之前，需要提前在微博、微信、论坛等社交平台宣传。只要认真观察就会发现，无论是知名主播还是新主播，在进行直播之前，一般会在社交平台上做宣传。

当有用户看到这些宣传时，就会有一些人抱着好奇心去看直播。之后就要依靠主播将这些用户留下来。

没有人能随随便便吸引到成百上千万的粉丝，无论是哪个知名主播，都是一步一步走到了今天。所以就算前期观看的用户不多，也不能气馁，要多看别人的直播，学习经验。

2. 设定奖励机制

刚开始做直播时，可以适当给用户一些甜头。一般情况下，用户能拿到好处，就不会轻易拒绝。但是也需要注意，好处不可以太多，如果所给的太多或者是费用占比过高，会引来很多无效用户，即观看直播却不作出购买行为的用户。

就拿才艺主播来举例。才艺主播开始首场直播时，可以准备一些生活中有趣的小礼物来吸引用户观看，譬如当观看时间达到多少分钟时，抽选几名用户赠出礼物。用户在等待礼物的时候，主播就要利用直播内容打动他。

而游戏主播可以开展诸如LOL抽奖送炫酷皮肤、Dota2抽奖送精美饰品，或是炉石抽奖送卡包等活动。

当积累了一定的用户后，还可以进行早上开直播，下午抽奖攒人数等活动，以做到进一步吸引用户观看。在抽奖的频率上，则根据自己的预算来确定。

新主播必须注意的是，无论采用哪种奖励机制，重要的不是产品本身，而是如何吸引第一批粉丝。吸引到第一批粉丝之后，就会产生固定的粉丝群，便能根据后台的数据不断地更新直播方式及内容。

所以主播必须根据自身情况灵活把握奖励机制，如果通过这种方法获得了第一批粉丝，奖励机制就可以缩短；如果没有达到预期，就可以延长。但也不可以一味延长，要多寻找没有吸引到粉丝的原因。

3. 添加相关群组发广告

每个类目都会有各种群，比如美妆类有美妆群，饰品类有饰品群。新主播可以搜索相关的QQ群，加入后发一些自己的广告，也可以直接建一个属于自己的群。微信群则可以通过与人交换、互相拉对方进群的方式，迅速进入很多大群。

对于这些群，你可以逐步提纯：退掉一些关联度不大的群，以腾出容量，加更多关联度大的群。

4. 利用微信朋友圈

现在越来越多人的朋友圈成为营销平台，合理利用微信朋友圈，能够收到不一样的效果。企业新主播除了自己要在朋友圈进行朋友间的第一轮营销，还需要发动企业全体人员加入朋友圈营销之中。

运用以上方式俘获粉丝后，就成功地迈出了第一步。但是要明白，距离真正直播营销的成功还有相当大的距离，拥有第一批粉丝只能证明直播事业的开始。要想在直播营销的行业中发展起来，还要稳扎稳打，走好每一步。在这个时候，如果对于第一批粉丝的培养没有做到位，之后的直播营销之路必然也会受到影响。

选择合适的话题

至少有以下11个话题，适合作为直播中的话题。

1. 最新的八卦新闻

看直播的主要是年轻人，而年轻人好奇心强，普遍比较喜欢八卦，所以从八卦新闻入手最容易。主播可以跟观众谈谈全民关注的娱乐圈话题，这样很容易引起大家的共鸣，而且还有新鲜感。

需要注意的是，涉及政治、宗教的新闻，千万不要去"八卦"。对于悲剧类的新闻，也要保持客观公正，不可为了流量而"带节奏"，"吃人血馒头"。

2. 感情经历

网络主播可以跟观众聊自己的恋爱经历，故事越离奇越跌宕起伏越好，这样一方面会让观众对你产生好奇心，愿意听你把故事讲下去，另一方面也会跟你产生情感共鸣，增加对你的认同。

不过对于大多数主播来说，恋爱经历实在是没有什么可谈的。对这一点广大主播不用担心，你可以讲媒体中的感情故事，也可以找他人的一些故事。

如果聊到被情所伤，观众感觉到了悲伤的气氛，这时作为主播的你再带着情绪唱一首伤感的歌，喜欢你的观众也会受到情感的触动，自然就会鼓励你，为你加油打气。这样一来，很容易"路转粉"。

3. 成长经历

主播可以谈谈自己小时候的故事，例如你和父母的感情、你在上学时的经历、你毕业之后在社会上的打拼的过程，等等，谈这些也很容易让观众感同身受。当观众的情绪受到你的感染时，你就可以进一步和粉丝互动，比如你可以反过来劝粉丝，鼓励他们要坚强，要乐观。

4. 谈歌曲

爱说爱唱是时下年轻人普遍的天性，在直播过程中，伴着背景音乐你可以谈谈自己对音乐的理解，比如你为什么喜欢这首歌、自己喜欢的歌星、自己喜欢的音乐风格，等等，还可以问问粉丝他们喜欢的曲目。

5. 脑筋急转弯

脑筋急转弯是很多人小时候经常玩的游戏，不仅有问有答，而且答案往往还天马行空，所以，这类的话题也是不错的选择。

6. 穿着

人靠衣装马靠鞍，穿着是人每天都要做的事情。作为网络主播，你可以先从自己直播时的穿着讲起，谈谈自己今天为什么要选择这身衣服，进而讲讲自己喜欢什么衣服，最后问一下观众的衣着品味。这样不仅与观众有话题可聊，还能顺便问出观众或是粉丝的喜好，以后你在直播时的穿着也就可以更有针对性。

7. 游戏

网游是时下年轻人的一个兴趣点，尤其是男青年，几乎没有不爱玩游戏的。跟年轻的观众聊聊彼此喜欢的游戏，能迅速激发对方的兴趣，拉近彼此的距离。

8. 美食

我们是一个讲究吃的国家，看各式"吃播"以及美食博主的火爆程度，就知道美食绝对是一个大家都喜欢的话题。在直播过程中，你可以谈谈自己平时最爱吃什么、是自己做饭还是喜欢在外面吃，抑或最近刚听说的某家味道不错的餐馆，拿出来跟粉丝分享，最后别忘了问问大家都喜欢什么美食，相信很容易找到共同语言。

9. 工作

主播和观众因为屏幕相隔，所以不能了解到彼此，但如果主播能主动问及观众的职业，就会带给观众一种被关心的感觉，对主播敞开心扉，从而让观众主动跟你说话。

在这个过程中主播可以引导观众把自己的工作经历向主播倾诉，如果观众在工作中遇到什么趣事，说出来让大家一起欢笑。如果观众在工作中遇到了什么烦恼，也让观众讲出来，作为主播可以提出建议。这样主播既达到了沟通交流的目的，同时还能更好地了解自己的粉丝。

10. 影视作品

经典的或最新的电影、电视剧、动漫，这是属于多数人都关注的话题，谈这些话题很容易找到共同语言，主播可以跟观众谈谈最近大热的电视剧，聊聊自己最喜欢剧中的哪些角色，也可以跟观众谈一谈自己喜欢的明星以及他们的作品。

11. 旅游

世界这么大，我要去看看。出门旅行也是时下年轻人喜爱的休闲方式。主播可以跟观众谈一谈自己最近去过什么地方、梦想是去哪里、最近某某城市发生了什么大事，等等。尤其是旅游目的地，也许观众就在你旅游过的城市，也许观众也和你一样向往某个景点。这样一来，主播个人的话题就可以转变为主播和观众的共同话题，沟通起来也就游刃有余了。

最后需要指出的是，选择话题要注意三点：

一是尽可能选跟自己的直播风格一致的话题，比如主播是甜美可爱风格的，就可以挑选些可爱的舞蹈、游戏，等等。

二是对于自己不太懂的话题，要预先做好功课。

三是短时间内不要重复地讲同一话题。每次直播前就应先准备好这次直播要聊的话题，不能临时抱佛脚。

与观众愉快互动

在直播过程中，观众虽处于客体，但主播却不能因此而忽视他们，而应当把这些网民看作是具有主观能动性的积极参与者。

如果主播能和访客有良好的沟通，成为相谈甚欢的朋友，访客自然会采取积极热情的合作态度。反之，若主播和访客缺乏交流沟通，让观众感觉彼此形同陌路，那恐怕就会造成"一日游"的尴尬了。如果你不知道如何与观众互动，可以试试从以下5点入手（如图15-2）。

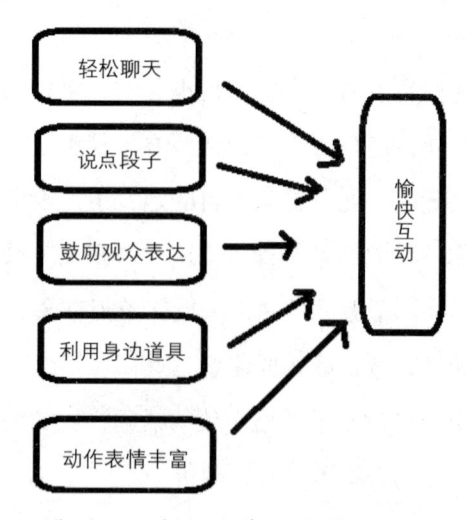

```
轻松聊天 ──┐
说点段子 ──┤
鼓励观众表达 ──┼──→ 愉快互动
利用身边道具 ──┤
动作表情丰富 ──┘
```

图15-2 与观众愉快互动的方法

1. 轻松聊天

并不需要谈多么有"意义"的事情，你完全可以多谈一些生活中的鸡毛蒜皮，这样反而容易拉近你和粉丝的心理距离。比如你最近去哪里逛街了，或是去哪儿旅游了，途中遇到了什么有意思的事情。又比如最近网购的时候又看上了哪款自己很中意的包包和裙子，以及很搞笑的买家秀和卖家秀。

无论什么样的观众，都希望主播注意到自己的存在，只要你跟某个粉丝说话，即使是看似简单的问候，那这个粉丝也会很兴奋。所以，一定要跟进入自己房间的观众打招呼，尽可能回复粉丝们在公屏说的每一句话。假如粉丝太过热情，实在不能做到一一回复，也应当及时说明原因。

2. 说点段子

很多主播戏称自己是靠说段子在平台上活跃着的，但是做主播不能只说段子，段子是添加剂，时不时加进一些，会让直播饶有趣味，但是绝不能泛滥。说段子时，主播要把自己当作段子中的主人公，带着感情讲，给观众一种仿佛故事中的情节就是主播自己亲身经历过的一样，这样才会有感染力，观众才会发自内心笑出声来。当然，经常把粉丝的名字添加进段子中也会增添很多乐趣，观众也会乐此不疲。

3. 鼓励观众表达

调动气氛是需要技巧的，比如可以用一些很提神的话，或者用唱歌等才艺让观众动起来。不过一定要注意，千万不要自顾自地唱完说完就把观众放在一边不管，因为这样很容易引起访客的反感情绪，正确的做法是主播在表演完后主动邀请访客进行点评。

因为直播是由主播和观众双方共同参与的活动，不是主播自行其道的肆意狂欢。表演者只管自嗨，却无视观众的感受，观众怎么会对表演者产生好感呢？多听听访客的点评，一方面可以借他人之口了解自身，知道自己的优点和不足，哪些方面观众喜闻乐见，哪些方面还有瑕疵需要改正，进而提升自己。

另外一方面，主播作为一个倾听者能让观众说出自己的意见，会让观众在心理上有一种被重视的感觉。这种感觉会使他在心里把你跟其他的主播区分开来，你重视观众，观众自然重视你。有哪个人不希望自己是人群中的焦点呢？哪怕只是几秒钟内的焦点，你让我开心了，我就喜欢你，就这样简单。下次当这些观众看直播时，还会关注你。

长此以往，观众自然就会由你的访客慢慢变成你的粉丝，甚至成为敢于为你一掷千金的"榜一大哥"，这时直播营销的目的自然也就达到了。

4. 利用身边道具

跟观众互动时可以利用身边的一切物体，在直播过程中你可以时而拿出一个苹果，时而拿出一个扇子，时而拿出一本书，还有主播到了饭点直接拿起碗筷吃饭，注意这时一定要拿捏好分寸。还有一种主播，每天穿的都是不同风格的衣服，时而天真可爱，时而冷酷帅气，让粉丝们每天都不自觉地猜测自己中意的主播今天会以什么形象出场。

5. 动作表情丰富

实际上，很多新手在直播时很容易犯的错的就是：神情动作单一而不够多样，这是许多主播无法获得较高人气的重要原因。

只有让表情动作都丰富起来，才能更好地调动观众的情绪，也让观众更好地感知你想传达的信息。

总而言之，主播和观众现实中相距万里之遥，而直播间则在网络中为二者搭建起一座交流互动的重要桥梁。主播既要做到把握好现场气氛，又要努力加强和观众的沟通，让每一名观众都参与到直播中。

一场成功而又精彩的直播，跟观众的互动是一个非常重要的方面。很多当红主播跟观众的互动时间，甚至要占去他们绝大部分的直播时间。但这丝毫不影响他们的超高人气，所以对于主播这个群体来讲，必须要记住的一点就是直播中的高手，一定也是能和观众互动的高手。

语言要有个性

主播必须有自己鲜明的个性，而打造个性可以从语言风格入手。当主播有了个性化很强的语言，就拥有了清晰的辨识度以及病毒式的传播度。他的语言被人喜欢，被人模仿，被人传播。

主播设计自己的个性化语言，可以从以下4个方面去打磨（如图15-3），

图15-3 主播的语言设计

1. 多样

网络直播和一般的电视广播等娱乐形式不同，相较于这类传统媒体，网络直播在语言上没有非常严格的要求。并且网络直播本身具有一定的娱乐属

性，所以就要显得灵活多变一些。

也有主播为了体现出多样性，会抛弃普通话，转而使用方言进行直播。因为方言具备特别的感觉和独特的音调，还能带给观众普通话所没有的亲切感和归属感。所以在有的直播中，主播使用方言和自己的粉丝交流，并取得了非常好的效果。

东北话、四川话、广东话、山东话等各具地方特色的方言都能成为主播的语言来源。在进行网络直播时，完全没有必要拘泥于某一种语言，可以根据自己的特色说充满张力和情趣的话语。这样做不仅能把观众和主播之间的距离拉近，还能因为具有某种特色而吸引更多的粉丝。

2. 直率

主播在进行网络直播时，一定要直率一些。网络直播与现实生活不一样，在网络中，大家更喜欢直率的人，粉丝会认为这个主播不虚伪做作，如果主播委婉地说话，反而会更让粉丝反感。

很多人观看网络直播就是为了放松精神，在平日的工作生活中，大家讲话都会有所保留，给自己留有余地，如果在观看直播时，主播也这样讲话，那么不仅不能让人放松精神，反而还会让人精神紧绷。所以在直播时，一是有话直说，二是表意明确。

主播在与粉丝互动时，一定要纯朴自然地表达自己的观点，不要拐弯抹角地说。这样能轻易地拉近与粉丝之间的距离，并且这样的主播也能受到更多粉丝的喜爱。

3. 亲切

在进行网络直播时，主播不用像电视台节目主持人那样正襟危坐，而是需要把观众当成朋友，把直播当成大家坐在一起轻松聊天。

在讲话的时候，也可以先从自身讲起，说一说当天遇见的有趣的事情，或者是讲一讲自己觉得有意思的事情，让观众感觉到屏幕里的是活生生的人，而且要让他们有发出评论的冲动。观众一旦发出评论，主播就可以根据评论和他们展开聊天，也可以通过这了解他们的想法。

做网络直播切不可有高高在上的态度，也不可以把自己当成导购一般，而要像朋友一样，聊天时谦虚中肯，推荐产品时态度和善。甚至也可以和观众聊一聊生活中的一些经历和想法，进行接地气、生活化的互动。

4. 幽默

幽默是主播成长道路上的必修课。在现在的网络主播中，或多或少都有幽默因子，有的甚至是幽默高手。对于主播而言，幽默不仅仅是获得好人缘的优质条件，还是缓和气氛、化解尴尬的必要手段。

做主播一定要学会自嘲，这就跟做演员一样，适当自嘲不仅可以化解尴尬，还能增加趣味性。在这里我们就以黄渤来举例。黄渤参加《康熙来了》时，小S对黄渤说："你长得很特殊呀。"黄渤笑着回答："一开始长得还挺委婉，后来就越来越抽象了。"在现实生活中，如果有人像小S这样说，气氛一定会很尴尬，但黄渤以机智的自嘲化解了尴尬的气氛。

在进行直播时，也会有用户对主播开启攻击，这个时候，适当的自嘲不仅能显示主播的气度，还能化解尴尬，并且还有可能增加粉丝对主播的亲近感。

如果观众只是跟主播开玩笑，主播也可以顺势调侃观众，但需要注意的是，调侃也需要把握好分寸，玩笑开大就会起反作用。所以当观众开主播玩笑时，主播要学会以幽默的方式化解，但主播不可以过分开观众的玩笑，否则就得不偿失了。

对于在镜头前表演的主播来说，语言的重要性不言而喻。说出一句话，完全不知道观众会产生什么样的想法，这也使得主播更加注重对自己语言能力的培养。唯有自己对语言的使用变得越来越凝练、随意，才能为后续的直播营销奠定良好的基础。但是有一点需要注意，主播在培养自己的语言能力时，也要根据自己的发展方向，进行定向性的培养，切不可看谁有趣就学习谁。